内蒙古自治区高质量发展系列研究丛书

内蒙古加快新旧动能转换推动高质量发展研究

RESEARCH ON ACCELERATING THE CONVERSION OF NEW AND OLD KINETIC ENERGY AND PROMOTING HIGH QUALITY DEVELOPMENT IN INNER MONGOLIA

内 蒙 古 自 治 区 研 究 室
国 研 经 济 研 究 院

中国发展出版社
CHINA DEVELOPMENT PRESS

图书在版编目（CIP）数据

内蒙古加快新旧动能转换推动高质量发展研究 / 内蒙古自治区研究室，国研经济研究院著 .—北京：中国发展出版社，2019.11

ISBN 978-7-5177-1077-6

Ⅰ. ①内… Ⅱ. ①内… ②国… Ⅲ. ①区域经济－经济结构调整－研究－内蒙古 Ⅳ. ① F127.26

中国版本图书馆 CIP 数据核字 (2019) 第 244777 号

书　　名：内蒙古加快新旧动能转换推动高质量发展研究
著作责任者：内蒙古自治区研究室　国研经济研究院
出 版 发 行：中国发展出版社
联 系 地 址：北京市西城区裕民东路3号9层　100029
标 准 书 号：ISBN 978-7-5177-1077-6
经　销　者：各地新华书店
印　刷　者：北京市密东印刷有限公司
开　　本：710mm × 1000mm　1/16
印　　张：15.5
字　　数：186 千字
版　　次：2019 年 11 月第 1 版
印　　次：2019 年 11 月第 1 次印刷
定　　价：59.00 元

联 系 电 话：（010）68990630　68990692
购 书 热 线：（010）68990682　68990686
网 络 订 购：http://zgfzcbs. tmall. com//
网 购 电 话：（010）88333349　68990639
本 社 网 址：http://www.develpress. com. cn
电 子 邮 件：150289754@qq.com

内蒙古自治区高质量发展系列研究丛书
编委会

“内蒙古加快新旧动能转换推动高质量发展研究”课题组

课题顾问

马建堂 国务院发展研究中心党组书记、副主任、研究员

余　斌 国务院发展研究中心党组成员、办公厅主任

专家组成员

李泊溪 国务院发展研究中心发展部原部长、研究员

吕　薇 国务院发展研究中心创新部原部长、研究员

任兴洲 国务院发展研究中心市场所原所长、研究员

侯永志 国务院发展研究中心发展部部长、研究员

武世国 国家发展改革委地区司原巡视员

课题组组长

王忠宏 国务院发展研究中心研究员，国研经济研究院董事长

王　辉 国务院发展研究中心研究员，国研经济研究院院长

课题执行负责人

李　布　国务院发展研究中心研究员，国研经济研究院执行副院长

协　调　人

孟丽娟　中国经济时报社服务部负责人

赵　杰　中国经济时报社内蒙古站站长

课题组成员

孙志燕　国务院发展研究中心发展部研究室主任、研究员

周建奇　国务院发展研究中心企业所研究室主任、研究员

伍振军　国务院发展研究中心农村部研究室主任、研究员

赵　峥　国务院发展研究中心公管所研究室副主任、研究员

周灵灵　国务院发展研究中心公管所研究室副主任、博士

王瑞民　国家发改委宏观经济研究院经济所助理研究员、博士

李扬帆　国研经济研究院研究主管、博士

李嘉义　国研经济研究院研究助理

董欣蕾　国研经济研究院研究助理

许艳静　中央财经大学金融系博士

序 言

内蒙古地处祖国北疆，横跨我国东北、华北、西北三大地区，内连八省，外接蒙俄，自然和生态资源十分丰富，是我国北方重要的生态安全屏障、祖国北疆安全稳定屏障、向北开放的重要桥头堡。新世纪以来，内蒙古紧紧围绕国家战略部署，依托能源资源优势，不断推进改革开放，经济发展取得了举世瞩目的成就。目前，内蒙古所处的国内外环境发生了重大变化，已进入新的发展阶段。推动高质量发展，是新时代保持内蒙古经济社会持续健康发展的必然要求，是解决内蒙古发展不平衡不充分问题的必然要求，也是遵循经济规律发展的必然要求。

习近平总书记十分关心内蒙古高质量发展问题，多次作出指示和批示。2014 年 1 月习近平总书记考察内蒙古时提出，内蒙古要“着力转变经济发展方式，提高经济发展质量和水平”；2018 年 3 月参加十三届全国人大一次会议内蒙古代表团审议时提出，内蒙古要“扎实推动经济高质量发展，把祖国北部边疆这道风景线打造得更加亮丽”；2019 年 3 月参加十三届全国人大二次会议内蒙古代表团审议时提出，内蒙古“要探索以生态优先、绿色发展为导向的高质量发展新路子”；2019 年 7 月在内蒙古考察并指导开展“不忘初心、牢记使命”主题教育时，习近平总书记再次强调，内蒙古要牢记初心和使命，贯彻以人民为中心的发展思想，落实新发展理念，做好稳增长、促改革、调结构、惠民生、防风险、保稳定各项工作，不断增强各族群众的获得感、幸福感、安全感。习总书记的重要讲话和指示，为内蒙古高质量发展指明了战略方向，对扎实推动内蒙古经济社会高质量发展具有深远影响。

面对世界百年未有之大变局，面对高质量发展的时代任务，我们要认真学习、坚决贯彻落实习近平总书记关于内蒙古高质量发展的一系列指示批示精神，站在国家全局和战略大局上思考发展，主动适应变化，谋划好内蒙古经济社会高质量发展的战略举措。

必须坚持以绿色低碳循环为主题，并以此作为选择重点发展方向的基本逻辑起点和依据。作为我国北方面积最大、种类最全的生态功能区，内蒙古的生态状况不仅关系全区各族群众生存和发展，而且关系到华北、东北、西北乃至全国生态安全。建设北方重要的生态安全屏障，是国家赋予内蒙古的定位。内蒙古的创新、协调、开放、共享应更多围绕绿色来做文章。内蒙古要保持加强生态文明建设的战略定力，实现绿色转型，探索以生态优先、绿色发展为导向的高质量发展新路子。

必须加快新旧动能转换，做强实体经济，筑牢高质量发展根基。

一是推动传统特色产业数字化、网络化、智能化建设，运用新技术、新模式改造提升传统产业，推动传统优势特色产业分化裂变、升级换代、跨界融合，实现“脱胎换骨”。二是大力培育产业集群，尤其是强化具有潜在战略发展价值的稀土材料、石墨烯新材料、大数据等产业集群的发展。三是建立健全产业创新驱动机制，实现经济发展动力从投资驱动向创新驱动转变，促进产业向价值链中高端迈进，形成创新驱动的现代化经济体系。四是深入实施品牌战略，培育一批国内外知名的产品、企业、行业，培育区域品牌，促进品牌高端化，改变内蒙古产品质优价低的局面。

必须推动形成高水平对外开放新格局。向北开放是我国新时代开放战略大格局中的重要一环，不仅对深化我国面向俄蒙开放合作、更好维护国家能源资源安全具有战略意义，也是推进和深化与东北亚国家和地区经贸合作的重要渠道。内蒙古在向北开放过程中具有不可替代的地缘优势。内蒙古不仅要进一步强化向北开放桥头堡的战略功能，还要继续发挥“承东启西，贯通南北”的区位优势，加强与东北、华北各省市的合作，共同构建面向俄蒙欧和东北亚的战略开放通道，带动周边省市和更多地区参与到国家向北开放的战略布局之中。

必须创新体制机制，优化营商环境。要加快“放管服”改革，放宽市场准入，提升政府办事效率，增强政府行政能力和公信力，在制度方面加快改革，降低制度成本。大力推进建设一视同仁公平竞争的营商环境。保护合法合规企业的权益，完善知识产权保护。把完善软环境建设纳入政府的政绩考核。通过诚信建设推动社会治理发展，优化发展软环境，吸引企业落户、产业生根。

必须充分尊重企业家精神。企业是市场经济的重要主体，企业家则是企业的灵魂和核心，在企业创新中起着不可替代的作用。这是因为企业家把分散的创新要素聚合在一起，不断地把科技创新与市场结合起来，从而使那些具有创新性、前瞻性的思想成为现实。因此，落实好高质量发展的时代要求，必须充分发挥企业的主体作用，充分调动亿万市场主体的积极性和创造性，充分尊重、保护和弘扬企业家精神，切实发挥好企业家在创新中的引领作用。

必须保障和改善民生，满足人民美好生活需要。高质量发展的最终目的是为了造福于人民，提高各个阶层的福祉。目前内蒙古居民收入差距比较大，仍然有不少贫困人口。要建立完善的基本保障制度，实现初次分配强调效率、再分配更加注重公平的社会财富调节机制，缓解城乡居民之间、城市及农村居民内部的收入差距扩大趋势。对结构性失业较严重的地区，制定针对性政策，避免因不充分就业和失业导致的收入差距过大问题。

作为直属国务院的政策研究和咨询机构，国务院发展研究中心长期关注内蒙古经济社会发展。为积极支持内蒙古经济社会发展，国务院发展研究中心与内蒙古自治区人民政府于2019年7月22日签署了合作备忘录。今后，国务院发展研究中心将全面贯彻党的十九大和习近平总书记对内蒙古工作的一系列重要讲话精神，推动高端智库优势和内蒙古自治区经济社会发展的实际需求紧密结合，为把祖国北部边疆这道风景线打造得更加亮丽提供强有力的智力支撑。

是为序。

2019 年 10 月于北京

目 录

总报告

党的十九大做出“我国经济已由高速增长阶段转向高质量发展阶段”的重大判断，预示着转变发展方式、优化经济结构、转换增长动力将是我国当前和今后一个时期的重点任务，这对内蒙古来讲更加紧迫。曾几何时，内蒙古经济增长在全国独领风骚，“羊煤土气”闻名海内外，令其他省份难以望其项背。但是，随着我国大规模工业化、城市化，以及由此带来的大基建时代进入尾声，加之新一轮科技革命和产业变革春潮涌动，经济已进入以创新为主导的移动互联网时代，内蒙古以传统重化工业为支柱的产业结构已难以适应新时代我国经济社会发展的要求。传统产业竞争优势逐渐消解，新兴产业竞争优势尚未形成，经济创新活力不足等问题日益突出，导致内蒙古经济增长放缓，竞争力下滑，与国内其他省份差距逐渐拉大。

加快新旧动能转换是内蒙古经济扭转当前困境、迈向高质量发展的关键。只有积极推动经济发展质量变革、效率变革、动力变革，通过要素质量提升和优化组合，壮大新兴产业和改造提升传统产业，实现产业结构转型升级，为经济持续增长找到新的引擎，才能为内蒙古经济向好发展提供重要支撑。

内蒙古既有新旧动能转换的优势和基础，也有绕不过的关卡、躲不掉的险滩、避不开的堡垒。这是一场遭遇战、一场突围战、一场攻坚战，更是一场持久战。内蒙古要主动创新求变，以壮士断腕的决心和勇气，站在全局高度审时度势，深入研判、科学应对，加大改革力度、破除体制壁垒和政策障碍、优化政府服务、强化要素保障、扩大对外开放，在重要领域、关键环节实现突破，探索适合内蒙古新旧动能转换的路径模式，在不断摸索与实践中构筑动能转换的“四梁八柱”，使内蒙古经济实现更高质量发展。

一、准确把握内蒙古高质量发展与新旧动能转换的基本特征

推动我国经济由高速增长阶段转向高质量发展阶段是一场深刻变革，直接关系新时代我国社会主要矛盾的解决。高质量发展不是单纯地追求经济发展的高速度，而是在“创新、协调、绿色、开放、共享”的新发展理念下，追求效率更高、供给更有效、结构更协调、更绿色可持续以及更包容的增长。顺利实现经济发展阶段转变，关键在于经济发展动能转换。由于我国不同区域的自然资源、产业基础、增长动力、人文环境等差异较大，高质量发展具有不同的区域特色，加快新旧动能转换推动高质量发展的具体目标、路径、重点任务、政策措施等也会有所差异。

（一）内蒙古高质量发展的内涵

与全国相同，内蒙古经济已由高速增长阶段转向高质量发展阶段。在这个关键节点上，需要立足实际，走出具有内蒙古特色的高质量发

展道路。概括地讲，内蒙古高质量发展主要有以下七个方面内涵。

1. 实现经济绿色发展

经济绿色发展具有低碳节能、低污染排放、资源高效循环利用、人与自然和谐共生等特征，是世界经济发展的必然趋势，也是高质量发展的重要导向。内蒙古是我国北方最重要的生态安全屏障，绿色发展应成为内蒙古经济形态的突出特色。特别是要促进能源、矿产资源的可持续开发利用，实现高载能产业与草原生态友好共生，减少污染物和碳排放，推进生产生活节能降耗，促进水资源循环利用。

2. 经济实力不断增强

高质量发展并不是不关注经济增长的速度，而是基于“创新、协调、绿色、开放、共享”的新发展理念的经济增长。高质量发展的最终目的是满足人民对美好生活的向往，将体现为居民收入得到较快增加。内蒙古经济发展现状和人民对美好生活的需求还有较大差距。只有经济实力持续增强，才能增加就业、提升居民收入，从宏观上满足人民的需求。因此，把经济运行保持在合理区间是高质量发展的基础。

3. 经济效益不断提高

高效益就是高效率利用生产要素，用较少的投入形成更多有效产出，体现为全要素生产率处于较高水平。就内蒙古而言，全要素生产率、劳动生产率、投资回报率、能源资源的集约利用程度与高质量发展要求存在较大距离。因此，经济效益的提高应该是推动高质量发展的最重要表现之一。

4. 经济结构更加协调

经济运行的稳定性、持续性以及风险高低，也是衡量发展质量的重要标志。从结构看，高质量发展就是城乡、区域、产业之间相互协调，在此基础上保持有效供给、稳定增长。但是，内蒙古城乡、区域差距明显，尤其是产业结构失衡，存在“四多四少”的问题，受经济周期性波动影响大，使得经济运行面临巨大风险。解决这些不平衡、不协调已是推动高质量发展当务之急。

5. 经济增长更加包容

高质量发展的最终目的是为了造福于人民，提高各个阶层的福祉。包容性增长要求每个社会阶层的福祉都能随着经济增长而增长，虽然各个社会阶层的福祉增长水平有所不同，但必须都能够有其应有的增长。目前内蒙古居民收入差距比较大，仍然有大量的贫困人口，脱贫攻坚任重道远。高质量发展就是要建立完善的基本保障制度，实现初次分配强调效率、再分配更加注重公平的社会财富调节机制，形成高收入有调节、中等收入有提升、低收入有保障的格局，提高社会流动性，避免形成阶层固化，最终实现包容性增长。

6. 创新驱动能力不断提升

创新是高质量发展的第一动力和重要标志，是实现我国产业在全球价值链由中低端迈向中高端的主要路径。无论以何种指标衡量，内蒙古创新能力均在国内排名靠后。内蒙古高质量发展必须把创新摆在更重要的位置，进一步增强以创新破解矛盾、解决问题的意识，努力实现创新驱动发展。

7. 全面开放新格局加快推进

新时代，中国扩大开放再出发，是顺应当今世界贸易自由化的大国担当，是更好利用全球资源的合理选择，是高质量发展的内在需要。内蒙古地处我国向北开放的前沿，区位优势突出，但发展基础相对薄弱，集聚产业的能力欠缺，参与全球分工的深度不足，导致国际物流的“酒肉穿肠过”。内蒙古加快全面开放，目的是面向全球引进优势生产要素，在创新创业环境、产业配套体系、国际化人才、公共服务等方面补齐短板，从而将区位和资源禀赋真正转化为内蒙古参与国际竞争的优势。

（二）新旧动能转换的主要规律

高质量发展是经济转型升级的目标与外在表现，而新旧动能转换则是经济转型升级的内在动力与实质。在高质量发展的要求下，准确把握新旧动能转换的主要规律，是内蒙古结合自身实际找准新旧动能转换路径的前提。

1. 新动能内涵和表现形式

旧动能是指依靠大量资源投入、较高环境成本和社会成本来驱动经济增长的动能。新动能是指主要依靠科技进步、高素质人力资本驱动经济高质量发展的动能。反映到产业的投入产出活动中和产业结构变化上，新动能体现为投入要素质量提升和构成变化，衍生出的大量新产品、新业态和新商业模式；或者新生产要素逐步扩散和渗透到传统产业中，渐进或迅速地改变原来的生产经营模式、产业组织形态，使其更新、重生，形成不同于传统的生产、流通、交换和消费模式，表象上看仍然是原来的产业外壳，但实质上已经演化为新的产业形态。

具体而言，新动能不仅指第三产业中的“互联网 +”、物联网、云计算、电子商务等新产业新业态，也包括第二产业的智能制造、绿色制造等，还涉及第一产业中适度规模经营的家庭农场和牧场、股份合作制企业以及农村一、二、三产业融合发展等。

2. 新动能的形成与发展是多因素叠加共振的结果

新动能主要形成机制来自以下三个方面：一是科技创新，二是需求变化，三是制度变革。培育经济新动能的核心是通过要素质量提升和优化组合，壮大新兴产业和改造提升传统产业，为经济持续增长找到新的引擎和动力。与旧动能相比，新动能在投入要素构成、生产经营模式、产业组织形态、利益分配方式等方面具有明显的差别。

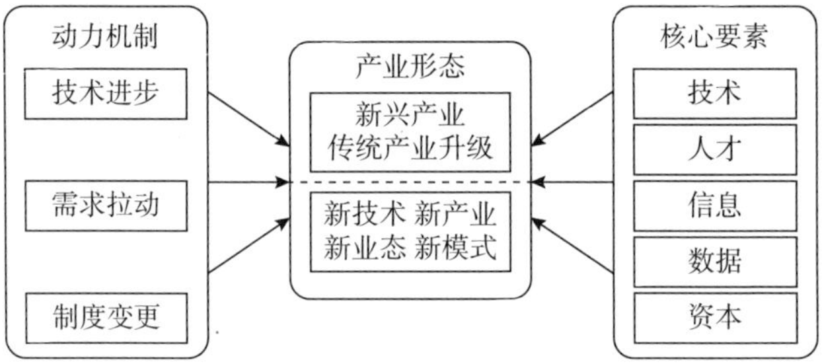

图1 新动能形成机制

资料来源：《中国产业发展报告：2018—迈向高质量发展的产业新旧动能转换》。

3. 新旧动能转换是一个复杂的过程

工业革命以来世界经济发展历史表明，经济增长的动能是动态的，旧动能发展到一定阶段后就会出现衰减，需要科技革命催生的新动能填补，才能实现新旧动能顺利更迭转换，推动产业结构从低一级形态向高一级形态升级，保持经济持续增长。从某种意义上说，经济发展的过程亦是新旧动能不断转换迭代的过程。

新旧动能转换有其内在特征。

一是新旧动能转换的时空并存性。从本质上看，新旧动能转换的过程，就是代表先进生产力的新兴产业替代传统产业成为经济增长主要动力的过程，或者通过"四新"改造提升传统产业使其焕发新活力，继续成为经济增长的引擎。

二是新旧动能转换的渐进性。新旧动能转换是一个渐进的过程，不可能一蹴而就。要结合本地区实际，盲目超前培育新产业新动能，往往会适得其反。

三是新旧动能转换的艰巨性。新旧动能转换是一场事关未来发展的深刻变革，涉及观念理念、体制机制、管理模式、要素投入等多方面的调整，是一个较长的过程，不可能指望三五年就能完成，要做好打持久战的准备。

（三）加快新旧动能转换需要认识“三大关系”

1. 在坚持生态优先的前提下，科学谋划产业发展路径

内蒙古是我国北方最重要生态安全屏障，保护生态环境是发展中的首要责任，但并不意味着简单地放弃发展。从全国优化产业布局、保护我国生态环境的整体需求看，内蒙古肩负着承载基础产业、引领绿色发展的重任，必须要将高载能产业就地转变为绿色产业，从而形成新动能。通过先进产能替代落后产能、技术改造、城区和园区布局优化、发展环保服务和资源循环利用等路径，内蒙古完全可以实现环境保护和产业发展的统筹兼顾。

2. 在巩固传统特色产业优势的基础上，加快培育新产业

新旧动能转换是一个“脱胎换骨”的过程，但是新旧动能转换不等同于只发展新兴产业。否则，一方面新兴产业因过量扶持而出现过度竞争，部分领域甚至出现产能过剩；另一方面，一些传统特色产业因在发展窗口期得不到扶持，放缓了转型速度乃至陷入停滞，导致经营困难、竞争力下降甚至向海外转移。事实上，传统特色产业依然是培育扩大国内市场、促进消费升级和创造就业的主战场。只有巩固传统特色产业优势，使其重焕活力，让“老树发新芽”，尽快做强区域经济，才能筑牢新旧动能转换的基石，为新产业的培育赢得时间、争取资源。

3. 协调推进全面深化改革与新旧动能转换

全面深化改革与新旧动能转换在逻辑上是一致的。全面深化改革就是要完善机制体制，以越来越短的权力清单、越来越长的责任清单、越来越透明的负面清单，确立市场在资源配置中的决定性地位，不断降低制度性交易成本。而制度创新也有助于加快新动能的形成。因此，要以新旧动能转换中的痛点堵点作为改革的题目、以改革破除新旧动能转换的制度障碍。对内蒙古而言，产业发展所需的部分要素仍然欠缺。在新旧动能转换中，政府还应发挥一定的推动作用。但这种推动既不是代替企业决策，也不是直接分配资源要素。政府需要转变观念、转变职能，把工作重点集中在营商环境、基础设施、城市公共服务等方面，为企业创造最理想的外部环境。

二、内蒙古加快新旧动能转换迫在眉睫

内蒙古是我国五个民族自治区之一，地处欧亚大陆内部，横跨我国东北、华北、西北三大地区，资源丰富，产业特色优势突出。改革开放以来，尤其是21世纪以来，随着我国工业化、城镇化进程推进，内蒙古经济社会发展取得令人瞩目的成就。然而，随着国际和国内经济社会环境的不断变化，内蒙古竞争优势正在逐渐消减，迫切需要培育新动能，为未来发展提供新引擎。

（一）内蒙古经济发展成就显著

1. 内蒙古经济21世纪以来获得长足发展

21世纪以来，内蒙古国内生产总值由2000年的1539.1亿元增加到2017年的17289.2亿元，年平均增长率高达14%，2004年甚至达到23.8%。除2017年、2018年外，都高于全国水平（图2）。人均生产总值从2000年的6502元增加到2018年的68302元，位居全国第10位。

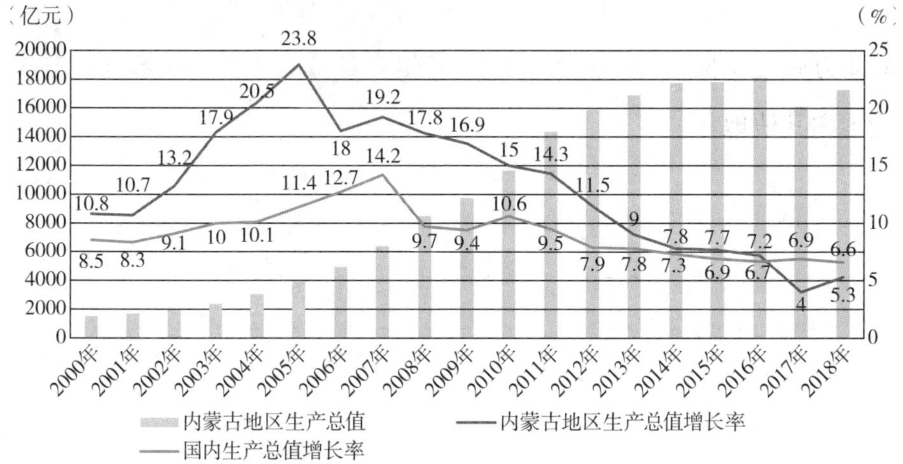

图2　内蒙古2008～2018年GDP状况

数据来源：国家统计局。

2. 内蒙古经济实现了从农牧业主导型向工业主导型的历史性转变

经过多年发展，内蒙古三次产业结构由 2000 年的 22.8 ∶ 37.9 ∶ 39.3 演变到 2018 年的 10.1 ∶ 39.4 ∶ 50.5（图 3），并形成以能源、冶金、建材、化工、农畜产品加工等能源资源密集型产业为主导的产业格局。传统特色优势产业如电力能源、有色冶金、石油化工、食品加工等行业不仅在内蒙古经济总量中占有绝对地位，而且在全国也处于领先水平，内蒙古煤炭、铁合金、电石、甲醇、稀土化合物、煤制油、煤制天然气等 7 种工业品产量居全国首位，电石、铁合金、PVC、单晶硅全国市场占有率分别达到 33.4%、18.9%、23.1%、34.2%，对内蒙古经济平稳健康发展发挥了主要作用（表 1）。

内蒙古工业飞速发展的同时，农牧业也保持了全国领先的地位。内蒙古是全国重要农畜产品生产加工基地之一，其中奶制品、羊肉、羊绒产量居全国第一。2018 年内蒙古自治区粮食产量为 3553.3 万吨。其中稻谷产量 121.9 万吨，小麦 202.3 万吨，玉米 2700 万吨，大豆

179.4 万吨，薯类 149.8 万吨。全区年猪肉产量 71.8 万吨，牛肉产量 61.4 万吨，羊肉产量 106.3 万吨。粮食、肉类及其制品大部分外调供应国内其他地区。

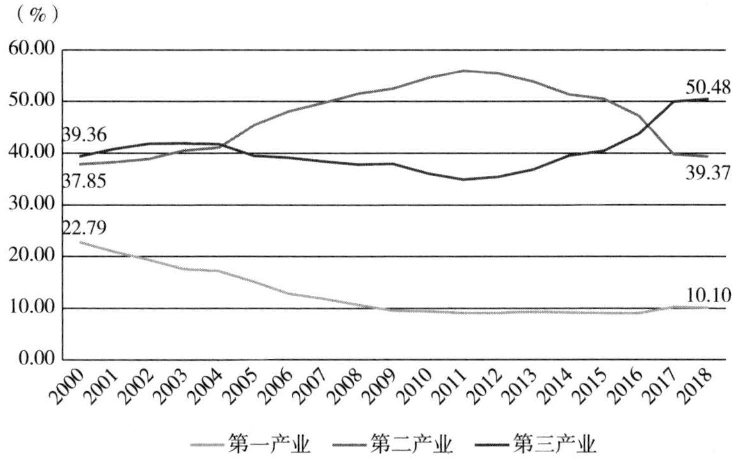

图3 2000～2018年内蒙古三次产业增加值占地区生产总值比例

数据来源：国家统计局。

表1 内蒙古2017年主要工业行业增加值情况

指标名称	比重（%）	贡献率（%）
规模以上工业	100.0	100.0
能源工业	55.2	170.8
其中：煤炭	24.9	97.6
电力	18.5	65.8
化学工业	13.6	47.7
冶金建材工业	16.0	−39.7
其中：非金属	2.2	−23.4
黑色金属	6.5	−6.9
有色金属	7.4	−7.3
装备制造工业	2.7	−13.7
农畜产品加工业	10.3	−46.8
高技术业	1.6	−1.8

资料来源：内蒙古自治区经济和信息化委员会。

3. 新兴产业初见端倪

近年来，内蒙古在装备制造、电子信息、生物制药、文化旅游、现代物流、大数据等产业发展上持续发力，取得显著成效。纵向对比，内蒙古新兴产业规模不断壮大，新能源、新材料、电子通信等产业增长较快，稀土化合物、多晶硅、单晶硅产能，风电装机容量，以及玉米发酵量处于全国前列，太阳能发电量全国第二，煤制油、煤制气、煤制甲醇、煤制烯烃等现代煤化工产业技术装备水平国际领先。

需要强调的是，内蒙古是国家八个大数据综合试验区之一，中国移动、中国联通、中国电信、华为、中兴、曙光等企业在内蒙古投资建成了一批大型数据中心，已形成以呼和浩特和林格尔新区为核心、东中西合理布局的大数据中心体系。截至 2017 年底，全区数据中心装机能力突破 100 万台，位居全国首位。公安部、教育部等国家部委以及中国银行、阿里巴巴、苹果、华为、百度、搜狐等大型企业纷纷在内蒙古布局容灾备份和企业应用、存储业务。

4. 基础设施网络体系日益完善

自 2000 年以来，内蒙古基础设施建设发展迅速。至 2017 年底，全区公路通车里程 19.9 万公里，其中高速公路突破 6300 公里，一级公路突破 7000 公里，均居全国前列。铁路营运里程达到 1.4 万公里，居全国首位。2019 年底北京到呼和浩特高铁的开通将使内蒙古进入北京 2 小时经济圈，拓展内蒙古的发展空间，为内蒙古对接京津冀奠定扎实交通基础。内蒙古还实现了通信基础设施的全覆盖，98% 以上的行政村接入光纤，高速、移动、安全、泛在的新一代信息基础设施建设步伐不断加快，目前已建成多条省际干线光缆、进京直通光缆及中蒙俄国际光缆，设立了区域性国际通信业务出入口局。

（二）乘势而为是内蒙古过去实现跨越式发展的关键

总结 21 世纪以来发展经验，作为经济欠发达地区的内蒙古之所以在工业化和经济发展上实现跨越式发展，主要是紧紧围绕国家部署，抓住战略机遇期，依托能源资源优势，不断推进改革开放，创造性地制定和实施了符合地区实际的发展战略。

1. 丰富能源资源禀赋奠定内蒙古工业化的基础

内蒙古能源资源禀赋丰富，全区探明矿种多达 144 种，是全国发现新矿物最多的省区。煤炭、稀土、铅、锌、银等 17 种矿产保有资源储量位居全国首位，位居全国前 3 位的矿产资源有 43 种，居全国前 10 位的有 85 种。丰富的矿产资源为内蒙古经济发展提供了难以复制的独特优势。

2. 我国重工业化为内蒙古特色优势产业提供广阔发展空间

自 21 世纪开始，我国工业化进入“重工业化阶段”，这是在房地产以及随后的汽车等消费结构升级推动下发生的，电力、钢铁、机械设备、汽车、造船、化工、电子、建材等工业成为国民经济增长的主要动力。重化工业显著特点是，所需原材料和能源较多，对交通运输等基础设施的依赖性较大。尤其是电解铝、钢铁等产品的生产需要经过切割、熔化、冷却等工序，耗能较多。据统计，我国重工业单位产值能耗约为轻工业的 4 倍。重工业化使得内蒙古的能源资源有了用武之地，内蒙古为国家经济发展提供能源资源的同时，也形成了以重化工业为主导的产业结构。

3. 抢抓机遇是内蒙古经济实现跨越式发展的关键

21 世纪以来，内蒙古经济社会发展之所以取得巨大成就，很大程度上是抢抓机遇的结果。内蒙古抓住国家实施西部大开发战略机遇，促进了能源和资源优势向经济优势的转变，推动了优势特色产业的优化升级和做大做强；抓住我国加入世贸组织的机遇，进一步扩大对外开放，加强了与俄罗斯、蒙古国的经济技术合作；抓住了国家21世纪之初缓解煤、电等“瓶颈”制约的机遇，充分发挥资源优势和比较优势，能源、原材料工业得到较快发展，为国家发展大局做出了积极贡献；抓住国家实施振兴东北等老工业基地战略的机遇，促进了东部地区的改革开放和经济发展。内蒙古通过抓住这些机遇赢得了先机、争取了主动，有力地促进了经济社会跨越式发展。

（三）内蒙古迫切需要对巨变的发展环境做出积极回应

目前，新一轮科技和产业革命正在向纵深推进，世界经济进入深度调整期，发达国家将打压我国发展空间，而我国经济由高速增长转向高质量发展新阶段，全球范围将出现主导产业更替、生产组织方式变革、产业布局重塑等一系列深刻变化。面对着充满了机遇和挑战的国内外形势，内蒙古在今后五到十年，能不能抓住机遇，实现新的跨越式发展，是历史提出的严峻考验。

1. 新一轮科技和产业革命突飞猛进

当前全球正发生一场以绿色、智能为特征的新科技革命，对全球经济格局、生产生活方式和区域发展模式产生重大影响，经济发展动力由要素驱动转向创新驱动，产品、机器、人依托互联互通的网络从封闭走向开放，智能产品、智能工厂、供应商协同网络应运而生，人类社会由现代工业社会向高效智能社会演进（图4）。

全球科技革命和产业变革对内蒙古将产生巨大影响，突出体现在对内蒙古资源生产要素优势的改变上。一方面，有些资源生产要素的竞争优势被削弱。按照目前可再生能源技术的发展趋势，三至五年内利用可再生能源发电的成本将会与煤炭发电成本大致相当，届时将严重削弱内蒙古煤炭资源优势。另一方面，有些资源生产要素资源的竞争优势得到强化。例如，稀土、石墨烯等新材料产业面临巨大发展机遇。总体上，新一轮科技革命对传统工业化模式提出巨大挑战：一个国家和地区越来越难以主要依靠自然资源和劳动力资源优势实现工业化并最终实现现代化，自然资源、区域位置、非技术工人等初级生产要素在塑造区域竞争优势中的地位将显著下降，而创新能力、大学研究机构、高素质人才等高级生产要素重要性更加突出。因此，内蒙古要实现高质量发展，必须将天然要素驱动型的发展模式转变为创新要素驱动型的发展模式。

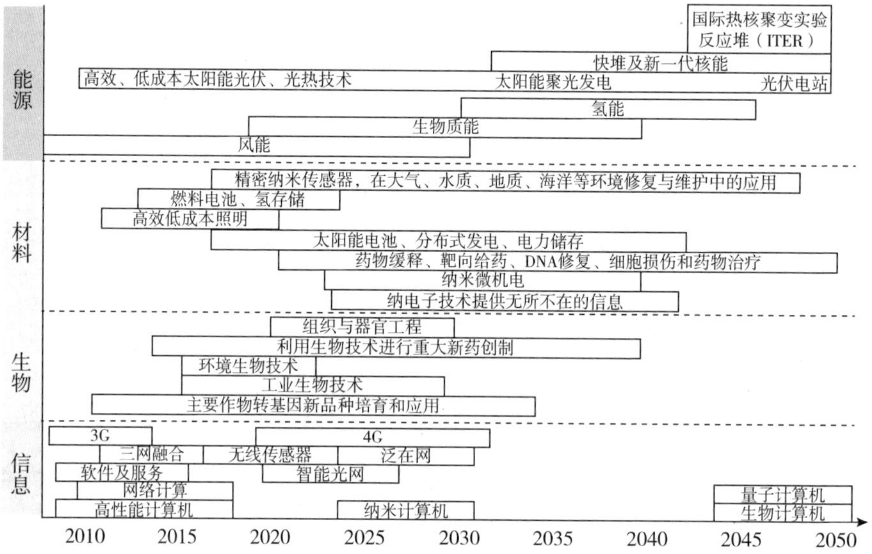

图4 未来30年全球科技变革

2. 国际经济处于调整期，发达国家加大挤压我国发展空间的力度

全球金融危机以来，世界经济已经由国际金融危机前的快速发展期进入深度转型调整期，正在寻找新的增长动力和发展引擎。“全球制造”和“全球生产”成为大趋势，贸易体系和规则也正在重塑。全球资源要素流动加快，表现为经济主体间高度的渗透性和互补性，信息流、知识流等约束减少，成本减少，新产业、新技术、新业态、新模式层出不穷。美国政府积极推动“再工业化”战略，深陷债务泥潭的欧洲也在努力走出“欧洲僵化症”，建设“创新型欧盟”。以金砖国家为代表的新兴经济体国家纷纷提出了本国的创新发展战略，“创新”正在成为各国博弈的战略抓手。对我国而言，市场空间受限，竞争对手增加，将是未来一个时期的常态。对我国任何一个区域而言，缺乏创新能力、未能对全球创新网络做出积极贡献，很可能意味着发展停滞、要素流出、不进则退。对内蒙古而言，能否在全球竞争中找准自身定位、嵌入产业分工、树立竞争优势，已成为发展道路上的重大考验。闯不过全球竞争这一关，就无法实现高质量发展。

3. 我国经济由高速增长转向高质量发展新阶段

我国经济已由高速增长阶段转向高质量发展阶段，未来经济结构、产业结构将发生巨大变化。高质量发展向内蒙古未来经济社会发展提出了更高、更全面的要求，意味着内蒙古新旧动能转换更加紧迫。

一是消费结构升级迫切需要内蒙古加快新旧动能转换。随着我国经济发展和收入水平提高，居民消费水平和消费结构变化正在进入新的阶段，开始注重提高生活品质与生活价值，追求发展与享受型消费，消费领域在不断拓宽，逐渐涵盖教育、文化、娱乐、信息、旅游、低碳环保以及生活服务等各个方面。2000 ~ 2017 年，中国城镇居民人均交通通信支出年均增长 38.3%，医疗保健支出年均增长 17.6%，文教娱乐支出年均增长 15.2%，居住支出年均增长 11.8%，服务型消费支出的增长速度明显快于物质型消费支出。服务型消费需求的满足，需要快速发展的服务业做支撑。同时，服务业快速发展有利于吸纳就业、集聚人口，提高居民整体收入与消费能力，反过来又形成了更大的服务业需求。服务业“正反馈”式的发展逻辑，是很多国家工业化中后期都经历过的阶段，意味着服务业逐渐取代制造业成为城镇化的主要动力来源，先发地区和城市愈发繁荣，后发地区和城市的人口、资金逐渐流出。而内蒙古乃至整个北方地区的经济结构仍偏重于能源、原材料等资本密集型产业，以及低附加值轻工业。工资收入水平偏低，工薪阶层消费能力不足，难以实现高水平的服务业集聚发展，因而迫切需要加快经济结构转型。

二是人口老龄化改变产业结构和产业布局。我国已进入人口老龄化社会，年轻人口比重逐年降低，而老年人口比重逐年增加，这对我国产业结构和产业布局产生重大影响。人口红利消退，意味着劳动力成本升高，劳动力密集型产业将向劳动力成本较低区域转移。目前，越南、印度等国家基础设施建设加快，营商环境有所改善，其大量年轻人口形成充足的劳动力供给，工资水平明显低于我国北方、西部落后省份。我国东南沿海的服装、电子等一些产业面对成本升高的压力，并未选择转向我国内陆地区，而是选择向南亚、东南亚国家转移。对内蒙古而言，不能再被动等待我国东部地区的产业转移，必须主动谋划，立足于自身的优势，“无中生有”培育新兴产业。特别是要抓住老龄化社会的机遇，在生物制药、健康养生、旅游休闲等领域培育新增长点。

三是内蒙古面临巨大区域竞争压力。转入高质量发展阶段后，建设国家中心城市，发展大都市圈，成为我国多个省份新旧动能转换的抓手。各地普遍意识到，只有建成有吸附集聚力的中心城市，才能形成创新中心、新兴产业发展基地。近年来，各地争相出台人才引进政策，展开了全方位的区域竞争。与高速增长期相比，地方竞争的内容将有所调整，主要应包括：促进产业转型升级的营商发展环境的竞争；

培育创新环境、聚集创新资源、成为区域创新中心和创新性城市的竞争；吸引中高级生产要素、形成不同类型劳动者合理分工结构的竞争；以人民为中心，创造性、包容性、稳定性内在一致的社会治理方式竞争等等。但内蒙古人口总量难以与东中部省份相比，缺乏具有区域影响力的中心城市，“硬件”“软环境”两方面条件均有部分欠缺，各城市的区域竞争力并不突出（表2）。严峻的区域竞争形势，意味着内蒙古必须另辟蹊径，主打“生态牌”“绿色牌”，形成鲜明的区域核心竞争力。

表2　内蒙古各城市2017年在全国排名

	城市综合经济竞争力	城市可持续竞争力	宜居城市竞争力
呼和浩特	88	37	31
包头	95	140	26
乌海	199	197	112
赤峰	182	228	202
通辽	192	242	178
鄂尔多斯	101	82	40
呼伦贝尔	210	113	113
巴彦淖尔	262	219	207
乌兰察布	245	207	201

数据来源：《中国城市竞争力第16次报告》。

三、内蒙古加快新旧动能转换亟待解决的问题

新旧动能转换最终反映在产业投入产出活动和产业结构变化上，体现为投入要素质量提升和构成变化衍生出大量的新产品、新产业、新业态和新模式。实现新旧动能转换，对内蒙古来讲，迫切需要解决传统特色产业竞争优势弱化、新兴产业规模较小、高级生产要素供给不足和营商环境尚待优化等问题。

（一）内蒙古传统特色产业竞争优势趋向弱化

能源、冶金、建材工业是内蒙古传统特色优势产业。但是由于其发展主要依靠生产初级原材料，所以总体处于价值链低端。在我国工业化和城镇化快速发展阶段，这些产业需求强劲，大而不强的弊端尚未显现。而随着我国进入工业化后期，经济进入高质量发展阶段，能源、冶金、建材需求疲软，内蒙古特色优势产业仅依靠自然资源等初级生产要素已难以获得竞争优势。2017 年，全区煤炭转化率不足 40%，电解铝延伸加工比例仅为 50%，稀土原材料深加工比例不足 30%，钢材产品中汽车用钢、家电用钢等中高端产品占比不足 29%，农畜产品深加工率仅为 58%。如果不尽快提高资源开发利用水平，摆脱对初级生产要素的依赖，内蒙古未来可能会陷入“资源诅咒”的陷阱。

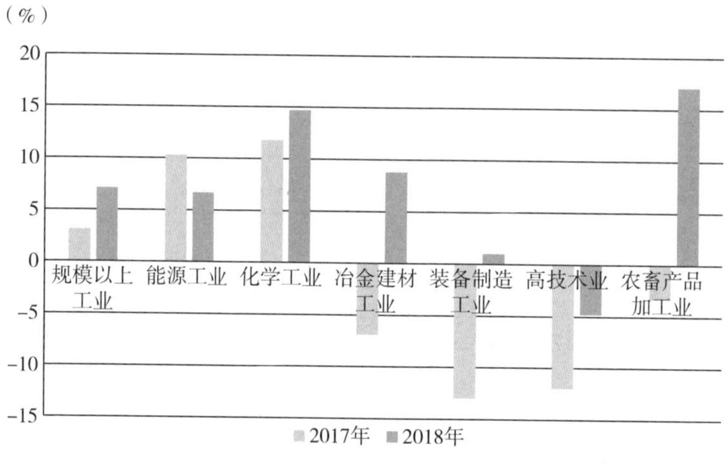

图5　内蒙古规模以上工业增加值增长率

资料来源：内蒙古自治区经济和信息化委员会。

内蒙古优势产业增速大幅下降（2018 年出现反弹），不仅导致了第二产业在产业结构中所占比例上低于第三产业，也使内蒙古经济增长幅度低于全国平均水平，甚至出现断崖式下跌。2017 年内蒙古

GDP 增长率仅为 4%，排位靠后，2018 年 GDP 增长率为 5.3%，仍落后于全国的增长水平。

（二）新兴产业规模仍然较小

内蒙古新兴产业虽然近年来增长很快，但是总体上仍处于培育阶段，其增加值仅占工业总产值的 1.6%，规模仍然较小，难以弥补传统产业下滑导致的动能衰退缺口，短期内仍无法在企稳增长过程中起到“挑大梁”作用。

（三）区域创新体系和创新能力建设相对薄弱

2008 ~ 2017 年，内蒙古全社会研究与发展（R&D）经费占地区生产总值由 0.44% 提高到 0.82%，全区国家级和国家与地方共建创新平台 43 家，国家级高新区 3 家，高新技术企业 532 家。能源、化工、冶金等产业技术装备水平高于全国平均水平，乳业、羊绒、稀土加工工艺世界领先，煤化工、氯碱化工、天然气化工技术达到世界先进水平。

但长期以来，内蒙古研究经费投入强度始终低于全国平均水平，在科技、研究、教育等领域还未建立起能够支撑未来持续发展的综合体系，在区域范围内具有一定特色和影响力的科研创新机构相对缺乏。尤其是企业作为创新主体的体制机制尚未建立起来，从事科技创新意愿和能力不足。2017 年，全区规上工业企业 2802 个，开展 R&D 活动的有 345 个，同比减少 70 个。全区规上工业企业 R&D 经费支出 108.3 亿元，同比下降 15.4%。内蒙古 R&D 经费投入强度增速低于全国平均水平，投入水平还低于周边地区（图 6、图 7）。

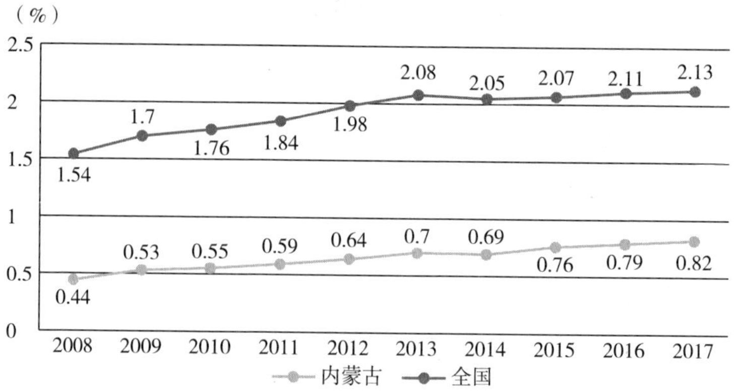

图6　2008～2017年全国与内蒙古R&D经费投入强度变化情况

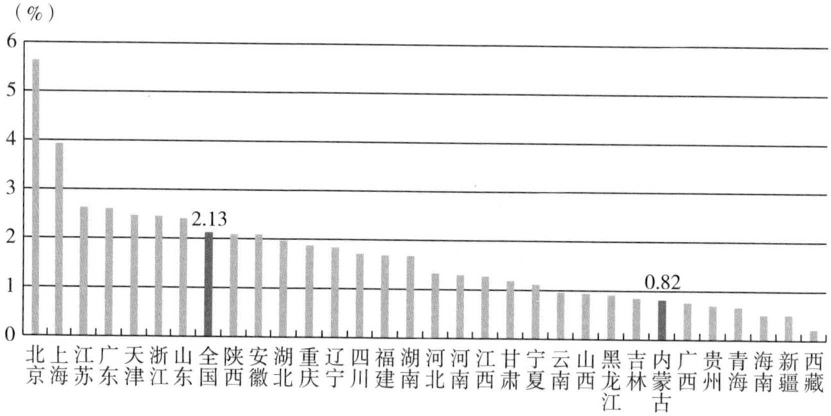

图7　2017年全国各地区R&D经费投入强度排名

资料来源：《全国科技经费投入统计公报》（2009～2018）。

2008～2018年，内蒙古专利申请量取得了明显增长，由2221件增长至16426件。但是，同时期内蒙古专利申请量的增速却明显落后于经济体量较小的甘肃，而经济体量更小的宁夏也在步步紧逼（图8）。内蒙古每亿元GDP发明专利授权量处于区域内最低水平，从另一个方面反映了内蒙古经济创新能力不足，是区域内的“创新洼地”（图9）。2018年，内蒙古仅通过《专利合作条约》（PCT）途径提交21件国际专利申请，相比较于全国的5.5万件可以忽略不计。

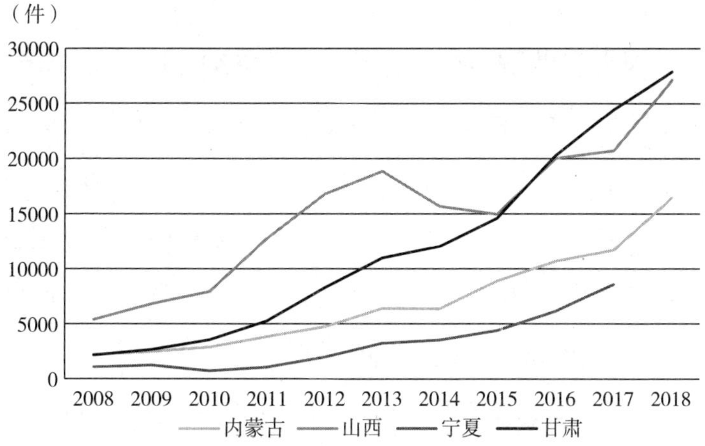

图8 内蒙古和部分省份专利申请量对比

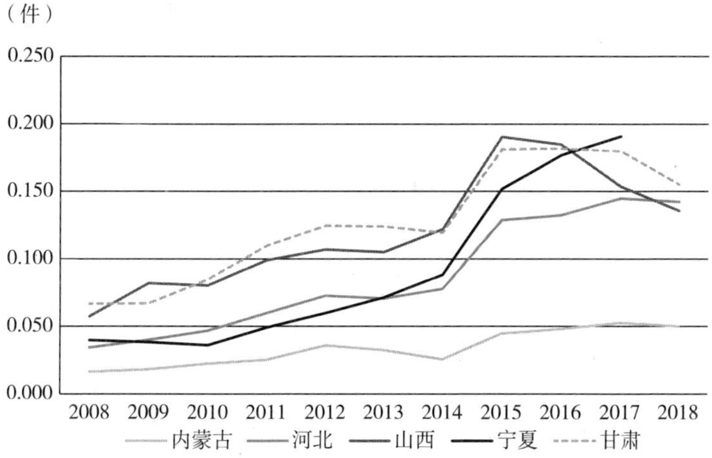

图9 内蒙古和部分省份每亿元GDP发明专利授权量对比

数据来源：国家统计局和各省区统计局，宁夏2018年数据暂缺。

内蒙古创新能力不足与中央企业投资内蒙古所带来的技术外溢效应较弱有一定关系。央企虽为内蒙古带来了大量的投资，但其研发总部位于区外，大量的研发活动不在本地进行，难以带动本地创新能力的提升。在 2018 年内蒙古专利授权量排名前 20 的企业中，仅有 4 家为央企下属企业。

（四）规上企业数量少，民营经济发展滞后、负担加重

规上企业能够对一个地区的相关产业乃至整个地区的经济发展发挥带动作用。虽然内蒙古培育了包钢、蒙牛、伊利等一批具有根植性、竞争力的龙头企业，但由于内蒙古规上企业多集中于重化工行业，面临着巨大生存压力，2017 年内蒙古规上企业为 2802 家，比 2016 年减少 1200 多家，对经济的带动作用在减弱。

2017 年末，内蒙古民营经济主体发展到 181.60 万户，占全区各类市场主体总量的 97.61%，是创造 GDP 和吸纳就业的主要力量，其增加值占 GDP 比重为 63.3%。但非公经济增加值 2017 年仅增长 2.38%，比全区 GDP 增长率低 1.62 个百分点。民营经济固定资产投资额完成 6644.37 亿元，占地区固定资产投资总额的 46.73%，同比下降 3.5%。尽管如此，全区民营经济实现纳税额 1621.82 亿元，占全区税收总收入的比重为 67.69%，同比增长 7.31%，税收对经济增长的挤出效应非常明显。

（五）区域内部发展不平衡、不充分、不合理

1. 经济空间集中度较高，区内发展水平的差距较为显著

从经济规模的空间分布来看，内蒙古全区超过 50% 的 GDP 集中在鄂尔多斯、包头和呼和浩特三个市（图 10）。与经济规模相当的山西相比，GDP 空间集中度 CR3 高出 10 个百分点左右（排名前三位地市所占比重之和）。

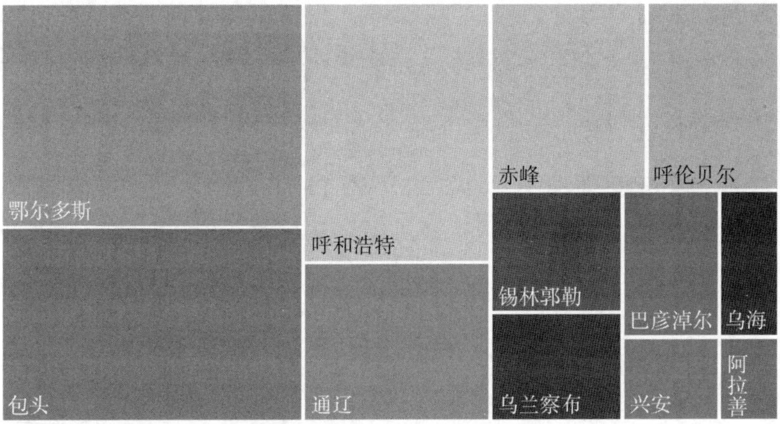

图10　内蒙古经济总量GDP的空间分布（2016年）

数据来源：内蒙古各盟市统计局。

2. 城镇化进程存在显著差异，东部盟市城镇化普遍滞后

2017 年内蒙古城镇化率为 62.02%，高于多数中西部省份。但自治区内部的差距较大，5 个盟市的城镇化率低于国家平均水平（2017 年全国常住人口城镇化率为 58.52%），4 个地区的城镇化率低于 50%。此外，内蒙古城市的空间分布高度分散，呼包鄂城市群难以辐射带动整个自治区的发展，东部盟市缺乏一个强有力的次中心城市。大多数盟市中心城区对旗县中心城镇的辐射带动也很不足。总体上看，难以形成城市之间的梯次带动、有效分工、要素流动。这与内蒙古区域的自然条件有关，但也暴露出部分地区城市聚集能力不够，城市与腹地区域不协调的问题。城镇化发展不足，人口布局过度分散，长期来看不利于区域生态环境治理和公共服务供给水平和质量的改进。因此，内蒙古城镇化无论从数量还是质量上都还有很大的提升空间。

3. 各盟市发展能力高度不平衡，中心城市的辐射带动作用需要加强

从自治区区域内部来看，各盟市发展能力的差距也较为显著。无论是经济总量（GDP）还是财政收入，主要都集中在呼包鄂三地，所占比重之和超过了 50%。区域创新能力的不平衡程度更加严重。2016 年，超过 60% 的科研经费投入集中在呼和浩特，有些盟市科研经费的投入占全自治区的比重不足 1%（图 11）。发展能力的高度不平衡会在区域发展的过程中不断地强化循环累积效应，即“贫者愈贫、富者愈富”。

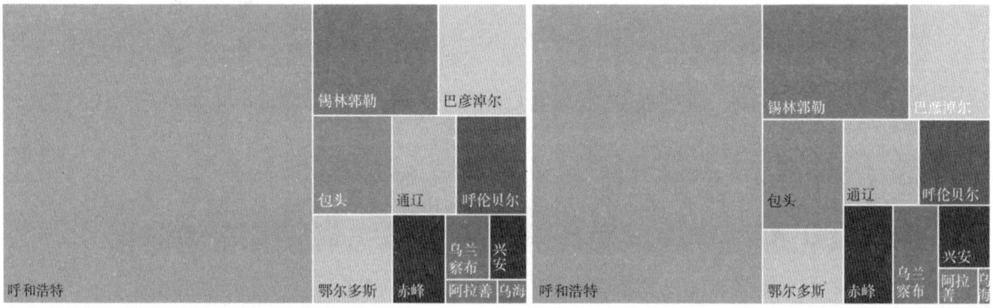

图11　2016年内蒙古各盟市科研经费（左）和研究机构从业人员（右）空间分布

数据来源：内蒙古各盟市统计局。

综上所述，无论是发展的资源条件与发展能力，还是产业基础与潜在的优势，内蒙古最为明显的特征之一就是“差异性显著”。这就要求内蒙古在融入国家区域发展战略的过程中，不仅要加强整个区域的空间优化，还要注重不同地区的差异化条件与国家战略的匹配，这样才有助于更深度地融入国家战略之中，并与国家区域发展的大格局形成战略上的协同共振，推动本地区的高质量发展。

（六）对外开放对内蒙古新旧动能转换支撑作用不足

对外开放深入参与国际分工，不仅有利于发挥比较优势，拓展发展空间，而且国际竞争有利于促进创新。内蒙古已同 183 个国家和地区的客户建立了投资贸易往来及经济技术合作关系，贸易触角继续延伸，遍布亚、欧、非、南美、北美和大洋洲，形成了贸易伙伴多元化的市场格局。但是，内蒙古外贸依存度长期处于低位，2017 年全区进出口总额占 GDP 比重只有 5%，远远低于全国平均水平，对经济增长贡献很小。另一方面，内蒙古经济外向度和国际化水平低，“走出去”战略实施缓慢，国际产能合作的地区结构和产业结构相对单一：境外投资企业数量 60% 集中在蒙、俄两个国家，企业协议投资额 83% 集中在柬埔寨、中国香港、蒙古国和俄罗斯，投资矿产勘探开发、森林采伐和木材加工项目占比接近 40%。尽管内蒙古有对俄、蒙两国的地缘优势，但对俄、蒙进出口贸易分别仅占全国的 4% 和 50% 左右，沿边区位优势发挥不够。2018 年 1 ~ 6 月，全区实际利用外资 12.25 亿美元，占比不足全国的 2%。全区境外协议总投资约 3 亿美元，仅占全国同期境外投资总量的千分之六，几乎可以忽略不计。

（七）高端要素支撑不足，人才少、融资难制约新旧动能转换

无论是新动能培育还是旧动能改造，都离不开人才、资金、科技等高端要素。从实践看，高端要素支撑不足已经成为制约内蒙古新旧动能转换的瓶颈。

1. 人才总量不足，高层次人才短缺已成发展“瓶颈”

截至 2017 年底，全区人才总量为 240 余万人，占全部人口的 9.5%。专业技术人才 96 万人，其中具有高级职称人员 24.9 万人，占 26%。技能人才 181.96 万人，其中高技能人才 59.33 万人，占 32.6%。全区享受国务院政府特殊津贴专家 4484 人，国家“千人计划”14 人、国家“万人计划”25 人、“长江学者”特聘教授 4 人。在自治区人才队伍中，高新技术学科和新兴学科的人才相对缺乏，高精尖人才少之又少，在国际国内处于领先水平的学科带头人和重点产业领域人才严重匮乏，已经成为制约内蒙古经济社会发展的瓶颈。

2. 金融体系难以满足新旧动能转换的融资需求

新旧动能转换需要与之相配套的金融发展，以适应不同企业和产业的融资要求。近年来，内蒙古金融业实力显著增强，在助推科技创新发展、产业转型升级、中小微企业发展上做出了贡献。

但是内蒙古金融体系存在发展不平衡、不充分问题，在支持实体经济方面，存贷比高、信贷行业集中度高、不良贷款率高，导致目前内蒙古企业普遍融资困难，尤其是中小微企业无法通过金融体系获得资金支持。调查发现，民营企业 100 强新增投资资金主要来源为自有资金（90%）和银行借贷（69%），选择股票市场（10%）和债券市场（5%）融资的企业较少。

内蒙古财政能力下降也制约了新旧动能转换。2017 年，内蒙古财政收入与 GDP 之比约为 10.6%，低于发展水平（人均 GDP）相当的省份（图 12）。自 2010 年，财政收支差占 GDP 的比重也呈现出明显的上升趋势，尤其是在 2014 年之后呈现出加速扩大的趋势，地方债

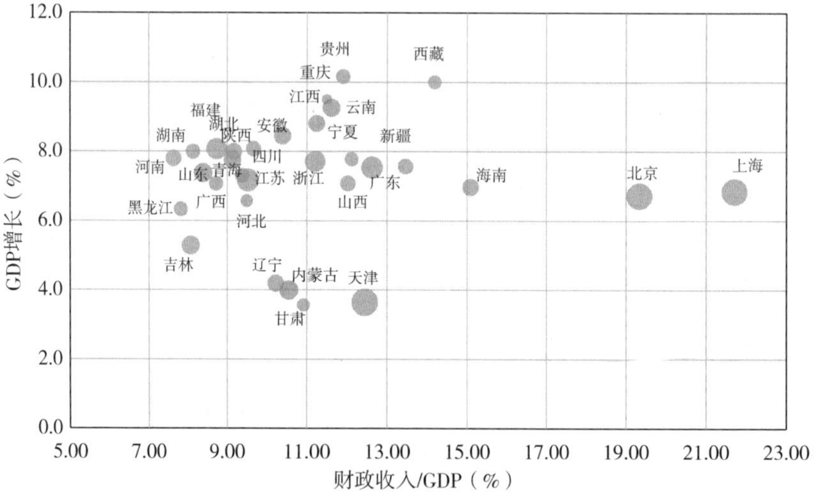

图12　2017年各省份财政收入能力的比较

注：圆圈大小表示人均GDP。

务负担沉重，在全国处于高位（图 13）。地方财政能力的下降会直接影响到本地区区域创新、产业发展转型、公共服务、基础设施建设等发展能力的提升，并可能在一定程度上对发展转型形成刚性约束，限制地方政府发展经济的实施空间等。

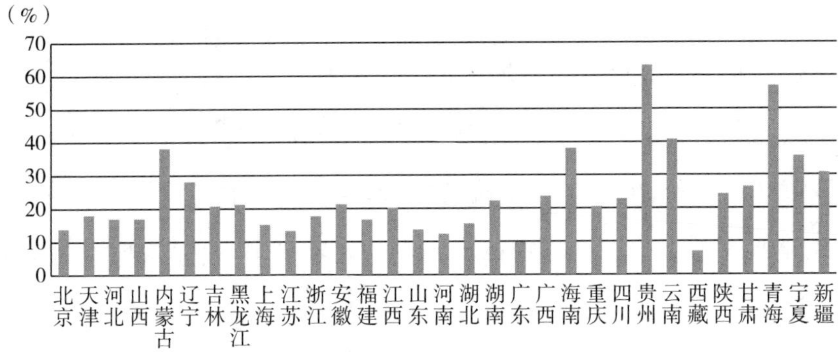

图13　2017全国各省显性债务与GDP比值

数据来源：国家统计局。

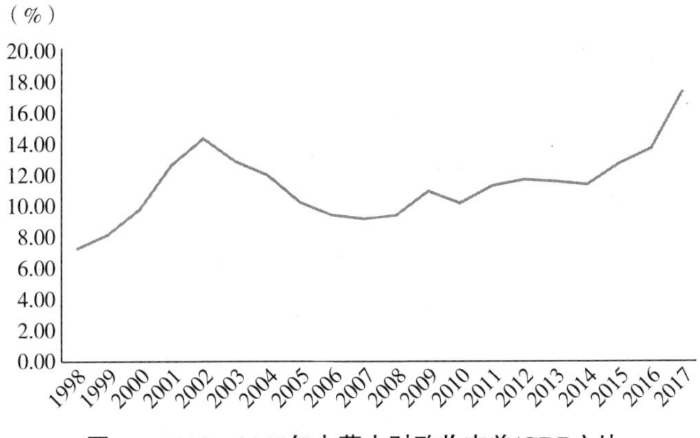

图14　1998～2017年内蒙古财政收支差/GDP之比

数据来源：国家统计局。

（八）内蒙古营商环境亟待改善

打造公平有效的企业发展环境是促进新旧动能转换的必然要求。近年来内蒙古“放管服”改革力度很大，营商环境明显改善，但是与企业发展、产业转型升级的要求仍有巨大差距。

1.“放管服”改革难以令企业满意

课题组通过调研发现，内蒙古各盟市企业对营商环境、“放管服”改革以来营商环境改善程度以及与当地政府关系的满意程度普遍比较低。

2. 政府行政能力、诚信程度亟待提升

政府行政能力不仅是营商环境的重要内容，也是影响地区舆论形象的重要因素。调研发现，有的部门和工作人员患有“管理迷恋症”和“权力依赖症”，只讲管理和审批，不讲服务。监管越位、缺位、不到位问题依然突出，执行政策机械武断。部分地方政府失信，“新官不理旧账”，机关工作人员乱作为、不作为，招商引资过程中“JQK”、“关门打狗”等问题较为突出。更有少数地方政府存在拖欠企业款项的问题，严重打击了企业投资、扩大生产的积极性。

3. 公平竞争的营商环境尚未形成

内蒙古不合理的市场准入障碍较多。部分地方没有“真放权、放真权”，审批手续复杂、环节较多，各部门在审批管理中不作为、互为“前置审批”条件的现象屡见不鲜。民营企业与国有企业待遇不同，民营企业在资质许可、政府采购、标准制定、融资等方面处于劣势。

四、新旧动能转换的总体思路

（一）指导思想

以习近平新时代中国特色社会主义思想为指导，坚持创新、协调、绿色、开放、共享的发展理念，深入贯彻党的十九大精神和中央重大战略决策部署，全面落实习近平总书记对内蒙古工作重要讲话重要指示批示精神，以解决“四多四少”问题为导向，以供给侧结构性改革为主线，充分挖掘优势，释放潜能，强化传统优势特色产业地位，培育新兴产业，扩张产业链，培育产业集群，统筹区域协调、城乡一体，节能减排绿色发展，主动对接融入国家发展战略，围绕“把内蒙古建成我国北方重要生态安全屏障、向北开放重要桥头堡、重要能源和战略资源基地”的发展定位，努力探索出一条符合战略定位、体现内蒙古特色，以生态优先、绿色发展为导向的高质量发展新路子。

（二）发展原则

1. 生态优先，绿色发展

坚定“绿水青山就是金山银山”的发展理念，珍惜得天独厚的生态环境优势，坚守环保底线，坚持节约资源，把生态建设和环境保护摆在首位，把生态环境友好型项目作为推动内蒙古新旧动能转换优先选项。开发利用低碳技术，落实节能减排措施，支持高载能行业节能改造和重大节水技术改造工程建设。加快淘汰落后产能，推行清洁生产，大力发展循环经济，提高资源综合利用水平，形成资源节约型和环境友好型的产业结构，促进经济社会发展与人口资源环境相协调，不断提高内蒙古可持续发展能力。

2. 立足优势，全球视野

以现有区位、能源、资源等优势为基础，做大做强优势产业，更富实效性地推进新旧动能转换，同时在新旧动能转换中不断挖掘潜在资源，创造新优势。积极顺应全球科技变革和产业发展趋势，坚持以更开放的理念、更包容的方式，面向国际国内，建立健全合作机制，拓展合作领域，打造开放合作平台，在更广范围、更高层次配置资源要素，在全国、全球价值链中向高端迈进。

3. 深化改革，创新驱动

进一步解放思想、大胆创新，围绕管理体制、运行机制中具有标志性、引领性的重点改革任务，统筹谋划，集中用力、精准发力，打破新旧动能转换的体制机制障碍。以科技创新为核心，切实增强自主创新能力，全面推进大众创业、万众创新，进一步优化创新创业环境，着力实现创业创新与实体经济发展深度融合。

4. 统筹规划，协同发展

统筹考虑环境容量、资源承载力、现有基础和发展潜力，遵循自然规律和经济规律，优化产业结构和区域布局，统筹实施乡村振兴战略，推进城乡一体化进程。统筹新旧动能转换与社会事业发展，构建和谐文明的社会环境。

5. 政府发动，市场主导

内蒙古新旧动能转换要发挥政府能动作用，保护基层政府创新精神，在大方向明确的前提下，应允许地方在合理范围内进行试错，在竞争中发现和推广好的做法、模式和政策。政府主要作用是创造持续提升生产要素的机制，使企业可获得高级生产要素。政府应提高行政能力，主动改变不适宜的监管理念、管理模式和政策体系，建立统一、公平、开放、有序的市场环境。坚持市场在资源配置中起决定性作用，发挥企业家精神、工匠精神，充分调动社会力量，加快新旧动能转换步伐。

（三）发展定位

1. 我国北方最重要生态安全屏障

内蒙古地处北部边疆，内连八省，其生态环境不仅关系到自治区居民的生产生活，也关系到整个北方地区乃至全国更大范围生态环境的改善。因此，保护生态环境，积极践行“绿水青山就是金山银山”的发展理念，是内蒙古实现高质量发展的应有之义和首要任务。在新时代，内蒙古要置身于全国生态文明建设和发展的大局之中，更加强化本地区在国家生态安全中的战略定位，把“生态环境的保护和建设”作为新旧动能转换过程中的首要任务。

2. 高质量绿色农畜产品输出基地

内蒙古绿色经济得天独厚，兼具种植业、畜牧业、生态林业、沙产业，乳制品、肉类、林草良种、蒙中药材等特产在国内外闻名遐迩。不断做强做优第一产业，是内蒙古高质量发展的基础所在。内蒙古可面向我国绿色健康食品、城乡绿化景观等领域的广阔市场空间，培育农业发展的新动能。要推广绿色生态农业技术，形成以节水农业为特色的产业体系。加大生物技术研发投入，减少化肥、农药、抗生素用量，保护好林地、草原、土壤、水源等绿色生态资源。着力打造科技密集型农畜产品深加工产业链，提高关键技术自主化率，强化绿色食品的质量标准，进一步提升品牌价值。

3. 现代能源与战略性先进材料的绿色发展基地

内蒙古是国家重要的能源原材料基地，在传统能源和风能、太阳能等新能源领域都已积累形成了较为坚实的发展基础，规模优势相对显著。在资源环境约束加剧和国家应对全球气候变化压力日益增大，以及全球能源革命加速推进的背景下，内蒙古要推动能源开发利用和高载能产业的绿色化转型，在我国风能、太阳能、氢能等新兴绿色能源的开发应用以及新能源储备、分布式能源的建设上担负起更重要责任，在火电、冶金、化工等行业运用先进技术替代落后产能，建成绿色高载能示范基地，从而为国家实现更高质量发展提供更有力的能源支撑和保障。

与此同时，随着新一轮科技革命的快速兴起，特殊功能、关键领域材料的开发与应用已成为影响一国制造业升级和国家核心竞争力的关键。内蒙古作为国家重要原材料工业基地，在稀土、金属、特殊功能材料等领域已具备很好的创新发展条件。在今后发展中，内蒙古应进一步强化本地区优势，发展新材料的绿色制造技术，在国家新兴战略性材料领域的技术创新与战略储备中承担更重要功能。

4. 全面对外开放的绿色通道和新型枢纽经济承载地

推动形成全面开放新格局，以“一带一路”建设为重点，形成陆海内外联动、东西双向互济的开放格局，是十九大报告中提出的新时代国家开放战略总体布局。向北开放是我国新时代开放战略大格局中的重要一环，不仅对深化我国对俄蒙开放合作、更好维护国家能源资源安全具有战略意义，也是推进和深化与东北亚国家和地区经贸合作的重要渠道。内蒙古处于亚欧大陆桥东线、中线的枢纽地位，具有不可替代的地缘经济优势，应当继续发挥“承东启西，贯通南北”的区位优势，加强与东北、华北等地区的合作，共同构建面向俄蒙欧和东北亚的战略开放通道，带动京津冀、东北和东部更多地区参与到国家向北开放的战略布局之中。内蒙古在扩大对外开放中形成产业发展新动能，要妥善化解政府债务，降低企业税负，改善营商环境；同时优化基础设施，建设绿色生态、宜居宜业的枢纽城市，形成我国向北开放的“绿色通道”。依托中心城市，吸引集聚高端要素资源，培育信息服务、金融租赁、医疗健康等现代服务业，将国际物流通道优势转化为新型枢纽经济形态。

（四）主攻方向

1. 强基础

推动传统特色产业数字化、网络化、智能化建设，运用新技术、新模式改造提升传统产业，推动传统优势特色产业分化裂变、升级换代、跨界融合，实现“脱胎换骨”；促进产业与金融相互融合、相互促进，推动现有产业、资产、人才等资源与外部资本、科研、项目等资源融合。不断优化升级农牧业生产条件，推动农牧业向产业化、专业化、规模化、市场化、科技化方向发展。鼓励企业发展与产业创新前沿相结合，促进科研院所为企业提供技术支撑。鼓励大型企业主动融入对接国家战略。

2. 扩链条

对具有优势的大型企业实施“强链”行动，强化科技驱动、信息化带动以及发展模式创新，进一步做优配套、做大规模、做强品牌，打造国内领先、国际一流的集团企业。开展新业态企业的“建链”行动，招商引进具有潜在战略发展价值的石墨烯新材料、大数据、稀土材料等新型企业，强化其辐射与延伸，培育形成较大产业规模和较高集聚水平的新兴产业集群。促进产业链相对密集与完整，实现多企业、多环节相互融汇、紧密合作、优势互补，从而形成区域产业链的整体升级，产生更高的集群效应。

3. 优结构

在产业结构层面，传统优势产业要做到“提质不失速”，在实现高端化、绿色化的同时，继续担当自治区的就业、税收支柱，为产业生态系统提供资金来源、要素保障；新兴产业要做到“求质不求量”，不盲目追求扩增产值，重点在于掌握核心技术，占据对产业链具有控制力的高附加值环节。在区域协调层面，指引各盟市形成差异化的产业布局，特别是将高载能产业相对集中化，避免恶性竞争。一方面要集中优势资源，做强区域中心城市，以中心城市的吸引力作为自治区综合竞争力的重要来源；另一方面要大力帮扶经济发展滞后的盟市，特别是帮扶在生态涵养方面担负重要职责的盟市。

4. 促创新

建立健全产业创新驱动机制，实现经济发展动力从投资驱动向创新驱动转变，促进产业向价值链中高端迈进，形成创新驱动的现代化经济体系。在关键基础材料、核心基础零部件（元器件）、先进基础工艺和产业技术基础等“四基”领域，引导支持搭建关键零部件采购联盟，支持自主创新关键零部件替代进口。搭建创新大平台，争取在稀土、石墨烯、现代煤化工、大数据等领域设立国家技术创新中心。完善体制机制，提升本地企业、院校、科研院所技术创新能力和龙头单位的辐射带动能力，营造支持各类主体发明创造的良好氛围。鼓励本地龙头企业、“专精特新”企业、配套企业与国内外知名高校、科研院所深入开展产学研用合作，共建一批拥有较高水平的协同创新平台。创造高品质生活环境，吸引高素质人才，促进创业创新。激发各类创新主体活力，加快科技成果转移转化，提升区域创新体系整体效能。

5. 增效能

围绕创新资源配置方式，不断优化提升要素资源配置效率。深入实施质量强区战略，加强质量标准建设，全面提高产品技术、工艺装备、能效标准，实现产业向高水平跃升。深入实施品牌战略，培育一批国内外知名的产品、企业、行业，培育区域品牌，促进品牌高端化，改变内蒙古产品质优价低的局面。

（五）发展目标

到 2022 年，经济发展质量显著提升，现代化经济体系建设取得重要阶段性成果，经济发展实现“不掉队”，位次上升至全国中游。

1. 动能转换体制机制全面建立

改革的系统性、整体性、协同性进一步提高，坚持市场在资源配置中起决定性作用，更好发挥政府作用，重点领域、关键环节改革取得重大突破，为推进质量变革、效率变革、动力变革提供强有力的制度支撑。

2. 质量效益全面提高

新兴产业进入高速成长期，大数据、新能源、新材料、医养健康、文化旅游等产业不断壮大；传统产业加快改造升级，现代煤化工、高端化工、装备制造、现代高效农业持续做优。发展质量更好、结构更优、效益更高。

3. 创新能力显著增强

新兴产业链和产业集群提高社会生产力和综合实力的战略支撑作用更加凸显，各类主体创新能力提升，辐射带动能力增强，在区域和全国范围内具有一定竞争力。在传统优势特色产业研究领域争取建设若干国家重大科技基础设施，凝聚和培养一批国内外顶尖科学家和研究团队。

4. 生态环境更加优美

主体功能区战略和制度深入实施，能源资源利用效率大幅提高，生产生活方式绿色低碳，城乡环境更加优美宜居，人与自然和谐发展新格局日益完善。

5. 开放型经济新优势初步形成

积极融入国家区域发展战略取得重大进展，对内对外双向开放持续扩大，国内国际要素有序流动、资源高效配置、市场深度融合，国际竞争合作能力大幅提高。

到 2027 年内蒙古自治区成立 80 周年，全面建成促进生产要素持续提升的创新体制机制，完成新一轮新旧动能转换工作。

五、发挥优势，加快主导产业发展

（一）提升传统优势特色产业层次

内蒙古能源、化工、冶金等重化工业约占工业增加值的 84.8%，贡献约占 GDP 的 1/3。农牧业是保民生、压舱底的产业，农牧业综合生产能力不断跃上新台阶，全区牛奶、羊肉、羊绒产量均居全国首位。这既是当前发展的基础和支撑，也是长远发展的潜力和优势。要深入研究产业发展趋势、国家政策导向和市场需求变化，有针对性地整合完善产业链，不断提高产品精深加工度和资源综合利用率，打造特色优势产业集群，促使传统产业凤凰涅槃。

1. 现代能源产业

充分发挥内蒙古资源、区位和产业体系优势，紧跟世界能源技术革命新趋势，坚持绿色化、新型化、体系化方向，布局清洁煤炭、多元油气、绿色电力、煤基与新能源材料四大板块，打造清洁煤炭、多元油气、绿色电力三条通道，开拓区外消费、区内消费、国外进口三大市场。坚持煤电油气风光并举，构建安全、绿色、集约、高效的现代能源产业，促进能源产业和其他相关产业融合发展。

2. 现代化工产业

结合产业发展趋势和内蒙古化工产业发展的资源禀赋和产业基础，应以煤化工、氯碱化工、硅化工和氟化工为重点，打造“原材料—

初产品—精细化工”一体化发展产业链。加快推动重点企业扩能提质，促进新型化工与装备制造、轻工、纺织、建材、新材料等产业融合发展，推动新型化工产业一体化、集群化、循环化、安全化发展，建设世界领先的国家级新型化工基地。

3. 冶金工业

依托内蒙古资源优势打造绿色高载能产业链，提升产品附加值。优化产品结构，引导铁合金产业向高性能特种材料转型升级，发展高端钢材和特种合金。打造“煤—电—冶—加”“探—采—选—冶—加”一体化发展产业链，推动冶金产业由生产加工向高端化、终端化转型。在内蒙古投资建设技术先进、具备规模经济效应的电解铝及铝加工基地，研发应用节能环保型电解铝和电解铜技术，促进铜冶炼产业节水降耗，确保废水充分循环利用。

4. 绿色食品产业

内蒙古应发挥农牧业优势，做大做强绿色食品产业。着力顺应中国和全球市场消费需求，推动农畜产品生产加工向绿色、天然、有机、品牌方向转型，打造全国重要的绿色食品加工产业基地。发挥呼和浩特“中国乳都”的引领作用，提升乳业领先地位和国际竞争力，打造乳业产业集群。加大对农牧业产业化龙头企业的支持力度，积极培育具有国内影响力的牛、羊、生猪、禽、兔、马等肉类加工企业，扩大肉类食品精细化分割和深加工产品比重，满足细分市场需求，增强企业核心竞争力，提高草原绿色品牌影响力和标准化程度。推动信息技术、大数据与绿色食品产业融合发展，加快“走出去”步伐。

（二）壮大新兴产业规模

认真落实《内蒙古自治区新兴产业高质量发展实施方案（2018—

2020年）》，紧盯现代装备制造、新材料、生物医药、电子信息、节能环保以及与军民融合相关的新兴产业，瞄准集群化、高端化发展方向，使新兴产业尽快成长为经济发展的新引擎，依托新兴产业扩总量、提质量、调结构、促转型。

1. 现代装备制造业

加快新产品研发及新技术产业化应用，加强装备制造配套能力建设，推动高端制造、智能制造、服务型制造。推动重型成套装备、工程机械、综采装备、电力装备等传统装备制造产业优化升级，着力在新能源汽车及配套装备、运输设备和工程机械、新能源设备、高端设备等取得突破。

2. 新材料产业

壮大稀土新材料、光伏材料和蓝宝石产业，提升高端金属材料、合金材料、高分子材料品质，布局石墨（烯）、高性能纤维、高品质碳化硅、纳米羟基磷灰石等前沿新材料，着力打造国家稀土功能材料应用产业基地，建设国家重要的石墨（烯）研发生产基地和光伏材料产业基地，构建以创新型企业为主体、产学研紧密协作的产业体系。

3. 生物医药产业

围绕生物发酵、生物兽药、生物肥料、生物饲料等重点领域，打造特色生物制造产业链。支持生物科技企业创新平台建设，实施重大新药创制行动，推动原料药、医药中间体向高品质的成品药和制剂转变，新药研发向创仿结合、自主创新转变，打造特色生物医药生产基地，建设世界蒙医药中心。拓展生物医药服务，把生物医药产业建成产业链完善、创新能力强、特色鲜明的产业增长新引擎。

4. 电子信息产业

以建设国家大数据综合试验区为契机，充分发挥自然条件和电价等优势，完善信息基础设施，优化大数据中心功能布局，拓展共享应用，以大储存、多平台、全产业为目标，发展以数据为关键要素的数字经济，让大数据产业成为经济转型新支撑。发展电子制造产业。

5. 节能环保产业

结合内蒙古能源、化工、冶金等重化工业占比高的产业结构，研发应用节能环保装备，推广节能环保服务，扩大资源循环利用。结合生态系统治理需求，持续推进荒漠化治理、退耕还林还草和退牧还草工程，加大农林草业面源污染防治、采煤沉陷区综合治理、地下水超采区治理与修复力度。

6. 军民融合相关产业

重点打造核燃料、碳纤维、特种纤维及防护屏蔽材料等优势产业，加强航天保障服务基地建设，推进空间信息产业发展，培育飞行训练、军事旅游体验等新产业增长点。

（三）打造现代服务业领域支柱产业

把打造现代服务业领域支柱产业作为主攻方向，突出商贸物流、文化旅游、科技服务等产业的战略地位，科学规划、合理布局、全域联动，以扶持工业支柱同等力度扶持服务业支柱，以此对区域经济社会发展形成重大牵引和带动。

1. 现代物流业

以促进经济转型升级和服务民生需求为目标，坚持“创新驱动、产业互动、统筹发展、重点突破”基本原则，优化区域物流功能布局、培育高端物流、延伸产业链条，建设功能协调、运行顺畅、高效集约的现代物流体系。提升呼和浩特、乌兰察布陆港型国际物流枢纽辐射能力，建设鄂尔多斯、包头生产服务型国家物流枢纽，建设呼和浩特、赤峰商贸服务型国家物流枢纽，发挥呼伦贝尔（满洲里）、锡林郭勒（二连浩特）陆上边境口岸型国家物流枢纽作用。

2. 文化旅游业

遵循全域旅游和全季旅游发展原则，整合都市旅游、乡村旅游、文化旅游三大资源体系，立足“商、养、学、闲、情、奇”六大旅游发展要素，加强文化、休闲、养生、度假、运动等特种旅游和专项旅游产品的开发培育，构建“旅游 + 重点领域”融合发展机制，打造集草原文化度假、都市休闲、生态观光、民俗体验、户外运动、避暑养生、集散商贸等多元功能为一体的世界知名草原文化休闲目的地。

3. 现代金融业

着眼于提升金融业综合竞争力和服务实体经济的能力，引进全球化金融机构，将区域中心城市、沿边开放城市打造为现代金融服务高地，为自治区龙头企业拓展国内外融资渠道。积极探索绿色金融的业务模式创新，建设内蒙古国家级绿色金融示范区，形成草原碳汇、农牧业保险、节能环保装备融资租赁、造林还草治沙和新能源发电项目政策性贷款等特色业务。

4. 科技服务业

结合大众创业、万众创新的要求，发展科技服务业，努力形成覆盖创新创业全链条的科技服务体系，培育一批拥有知名品牌的科技服务机构和龙头企业，形成一批新型科技服务业态，促进自治区科技与经济深度融合，推动经济提质增效升级。

六、优化产业战略布局

根据内蒙古各地区功能定位，统筹考虑环境容量、资源禀赋、蒙东和蒙西区域差异化的产业基础与发展潜力，结合国家区域发展战略，在优化人口布局、城乡布局的基础上，构建“一核突破、多极支撑、全区统筹”的新旧动能转换空间格局。

（一）一核突破

充分发挥呼包鄂经济实力雄厚和资源要素聚集的优势、乌兰察布毗邻京津冀的区位优势、二连浩特面向蒙古和欧亚的开放优势，通过创建呼包鄂国家级自主创新示范区、对接京津冀协同发展、参与“一带一路”战略，率先突破，强化核心作用，打造新旧动能转换主引擎。

呼和浩特。集聚集约创新要素资源发展新兴产业，打造自治区新旧动能转换先行区。依托国家级经济开发区和国家级高新技术产业园区等创新平台和高等院校集聚的创新要素，大力发展大数据、现代物流、医药健康等新兴产业，打造大数据产业基地，建设区域性科技创新中心城市和区域性现代服务业集聚区。壮大食品加工、电力能源、石油化工、电子信息等产业，打造世界乳业之都，建设转型升级与创新创业引领区和新型工业化示范区。利用跨境电子商务综合试验区等政策优势，提升开放水平，建设草原丝绸之路战略节点城市，打造内陆开放新高地。

包头。做大做强稀土和冶金等优势产业，提升装备制造业竞争力，推进军民融合，加快新能源相关产业集聚，发展光伏、风电等产业，以建设国家产业转型升级示范区为引领推进新旧动能转换。充分发挥军民融合优势发展壮大新材料等产业。培育现代物流、储氢产业等新兴产业。打造世界“稀土谷”、新材料基地、新型冶金基地、现代装备制造基地、新能源产业集聚基地。

鄂尔多斯。依托煤炭等优势资源，重点提升能源产业竞争力，以建设国家产业转型升级示范区为引领推进新旧动能转换，促进产业链向精细化学品、合成纤维、合成树脂等中下游延伸，建设国际领先的创新型现代煤化工产业集群。发展羊绒产业，打造羊绒加工基地。以高新技术开发区为支撑，培育大数据、电子信息、文化旅游、现代物流、环保、食品加工等产业。依托5A级景区，建设文化旅游基地。

乌兰察布。建成京津冀协同发展的重要互补和承接城市，打造产业合作承接转移示范区，通过主动对接京津冀协同发展战略推进新旧动能转换。布局大数据、新能源、新材料产业，壮大家具、服装、大物流、现代商贸、马铃薯加工产业，建设中国大数据的“草原云谷”、陆港型国际物流枢纽、国家石墨烯创新中心。

（二）多极支撑

通辽。发展节水型农牧业，提升科尔沁草原生态品质，壮大绿色食品加工、生物质能等产业，建成国家重要的玉米生物技术产业基地。建成以霍林郭勒为首、以煤电铝循环经济为主的有色金属产业集群。形成以蒙医药为特色的生物医药产业集群。建设区域清洁能源输出基地、绿色农畜产品生产加工输出基地，打造内蒙古对接东北振兴战略重要节点城市、区域性中心城市。

赤峰。积极培育节水农业、冷蔬苗业、现代制药、电子信息、生物科技、商贸服务型物流等新兴产业，促进铜锌冶炼、现代化工、绿色农畜产品加工等支柱产业提质增效，建设资源型城市经济转型开发试验区、跨区域产业合作与承接东部沿海地区产业转移示范园区、京津冀地区清洁能源保障输出基地、绿色农畜产品生产加工输出基地，打造“锡赤朝锦”通道的关键节点城市、区域性中心城市。

锡林郭勒。壮大高端绿色农畜产品种养及深加工业，加大绿色农畜产品地理标志品牌化、标准化培育力度，建设国家绿色畜产品生产加工输出基地和生态高端畜产品之都。打造与文旅产业相融合的畜产业链。壮大粉煤灰再利用、现代建材、光伏发电、文化旅游等产业，打造清洁能源输出基地、国家全域旅游示范区。

乌海。打造资源型城市转型发展示范区。壮大煤化工、新能源、新材料、装备制造等产业，淘汰水泥、建材、冶金等行业落后产能，布局旅游、文化创意、电子商务产业。以乌海市为核心，统筹整合乌海市三区、鄂尔多斯市鄂托克旗和阿拉善盟阿左旗构成的“小三角”地区发展。

巴彦淖尔。贯彻落实生态优先理念，深入实践“绿水青山就是金山银山”的重要生态文明思想。构建生态安全和安全稳定“两个屏障”。打造绿色农畜产品生产加工输出、有色黑色金属和进口资源深加工、清洁能源输出、现代化工及新材料生产、河套文化特色旅游度假等“五个基地”。

阿拉善。以生态文明为主线，建成国家重要的生态功能示范区。建设国际旅游目的地、国家重要的清洁能源示范基地、国家重要的军民融合空天基地、国家重要的沙产业示范基地。壮大特色文化旅游业，打造国内阻燃剂和农药中间体行业隐形冠军，建设旅游5A级景区。

呼伦贝尔。以可持续发展的生态环境保护建设为引领，淘汰煤炭等产业落后产能，发展清洁能源。优化农畜产品加工业，布局装备制造业，壮大旅游业，打造旅游胜地。满洲里以国家重点开发开放试验区、中蒙俄经济走廊为支撑，大力发挥接壤俄罗斯的优势，加快发展物流业、旅游业、边境贸易，打造通向俄罗斯、辐射欧亚开放桥头堡。

兴安。以生态文明建设为引领，大力发展绿色农牧业，打造绿色农畜产品示范基地，不断提高农畜产品品质，提升品牌化、标准化程度。发展清洁能源，打造国际知名的特色旅游观光休闲度假基地。

（三）全区统筹

立足各地现实基础和比较优势，创新区域协同发展机制，着力在产业升级协作、要素资源配置、基础设施互通、生态环保共建、创新平台打造等重点领域强化全区层面统筹协调，积极探索区域分工合作机制，引导自治区内部的资源要素向更具有潜在优势的地区集聚。促进各盟市对接国家区域战略，加大对不同盟市在国家区域战略中的发展定位、优势产业培育、产业发展边界条件等方面的协调力度，尽可能减少地区之间不必要的竞争和盲目布局、重复建设，使有限的资源能够更多地聚焦于各地区的潜在优势领域，形成更强的规模集聚效应。

七、全面融入国家区域发展战略

在经济体系更加开放和新技术革命的背景下，内蒙古只有全面融入国家区域战略才能更好地发挥资源和区位优势，加快新旧动能转换，推动经济高质量发展。内蒙古要立足于国家长远发展战略的目标和总体要求，遵循新一轮科技革命背景下资源要素空间布局的基本规律，以提高优势资源的空间规模集聚效率、增强地区间一体化协同发展为重点，以地区功能分工和多级支撑为依托，分层次、全面、深度融入国家区域战略。

（一）布局重要基础设施，改进内蒙古内部及对外联通性

积极争取将自治区的基础设施建设整体纳入全国基础设施网络规划体系，加快推进《西部大开发“十三五”规划》重大工程项目储备的立项和建设，重点包括三条线路：呼和浩特—包头—鄂尔多斯—西安方向，加快内蒙古与西部地区的西安、成渝城市群的连接；呼和浩特—乌兰察布—张家口—北京线，贯通内蒙古与京津冀、长三角和珠三角发达地区的连接；呼和浩特—乌兰察布—通辽—长春、沈阳线，加快内蒙古中东部与东北地区的连接。

内蒙古地区生态环境脆弱，气候条件特殊，建设施工的季节性强，因此国家有必要在土地政策、项目审批、投资、财税等方面给予适度扶持，保障其基础设施项目的建设进程。

（二）构建国家层面区域发展平台，提供融入国家区域发展战略的支点

从国家区域整体分工体系和功能布局出发，着力推动“两带两区”的建设——以沿黄经济带和蒙东沿边、大兴安岭沿线地区为基础，建设国家层面的绿色能源产业带、生态文明建设示范带；以呼包鄂榆城市群为载体，建设国家现代能源基地和先进材料研发制造产业集聚区；以乌兰察布、大同、张家口等京津冀一小时经济圈北部沿线城市为载体，建设国家大数据、云计算产业和现代物流产业集聚区，为内蒙古更高水平地融入国家区域战略提供政策抓手和连接的支点。

（三）推动稀土、石墨等资源优势与国家创新战略的有机融合

参照中关村国家自主创新示范区和上海张江国家自主创新示范区的“一区多园”发展经验，以及苏南、长株潭等城市群型自主创新

示范区建设经验，统筹规划呼包鄂三地的国家级高新区，力争升级为以新材料技术为主要特色的国家自主创新示范区，整合国内相关领域的创新资源，加快提升我国稀土及衍生功能材料、复合材料、合金材料、粉体材料等先进材料的自主创新能力。充分借鉴国际经验（如，space-X 航天公司建在美国内华达州沙漠之中），通过国家重大研发项目的布局、差异化的产业扶持政策、特殊人才引进政策、地区导向性的土地利用政策等，以北京大学包头创新研究院为范例，鼓励支持内蒙古有条件的地区与北京、深圳、西安等创新资源富集的地区共建协同创新共同体，引导新能源、航空、高性能氢动力电池、永磁电机等领域的资本、人才等高端要素向内蒙古聚集，促使内蒙古在相关技术的研发储备、产业应用等方面发挥更强的战略作用。

（四）加快对接京津冀协同发展战略，承接产业转移

基于协调共赢的原则，加快产业转移税收分享、基础设施共建成本分摊、生态补偿等区际协调机制改革，推进转移企业设立、运营、征信、监管等公共性制度改革，满足企业降低迁移成本、提升竞争力的合理诉求，最大限度降低疏解地与承接地的协调成本。

搭建优质产业承接平台，对接京津产业转移需求，发挥政府协调作用，将国家级和省级产业园区、改革创新示范区、开放发展先行区等重点建设任务结合起来，打造高品质的承接平台，推动相关产业聚集发展。把握承接地转型升级需求，实现疏解与承接的有效对接，在主动承接北京非首都功能疏解的过程中实现自身发展诉求。

（五）加强与周边地区沟通协调，消除政策壁垒

在更高层面推进本地区与其他地区的协同发展，在更大空间范围

内统筹资源要素布局，改进资源配置效率。借鉴长三角区域一体化发展和京津冀协同发展的经验，探索自治区内不同地区与周边省区市建立更高效、更完善的区域协调发展机制。例如东部五盟市与东北地区在东北振兴的框架下建立相应机制，以及呼包鄂榆地区进一步完善全面合作机制。相关措施包括加强招商引资、市场准入、基础设施布局等方面的政策协调，让各地区的市场彼此融合，形成与全国统一市场高度融合的区域一体化市场，从而提高区域内要素资源的整体配置效率。加强重大产业和基础设施项目的统筹协商，促进各地区在更广大的空间范围内实现合理的功能分工、优势互补与合作共赢。加强与周边地区在自然资源使用、生态保护、环境治理等方面的合作，构筑一体化的生态安全体系，有效解决跨区域治理难题。

（六）营造更优越的发展生态

紧紧围绕内蒙古应当在国家区域发展战略中承担的功能定位，营造聚集优质要素的发展生态。利用区内外资源，统筹好各类人才队伍的建设，充分做好与优势产业发展相匹配的人才储备。针对新能源、先进材料、有机农牧产品等行业技术创新发展的内在需求，结合国家战略制定符合本地区特点的地域专属化战略和扶持政策，创造更有利的发展环境。利用先进信息技术创新区域治理模式，有效协调不同地区不同主体的利益需求，创造更加透明、公平和负责任的政府服务与监管环境，构建更加包容、开放、自由的发展环境。结合国家区域发展战略，在自治区层面制定更加一体化的发展规划，切实平衡好不同产业对空间区位的不同需求，提高产业发展与地区潜在优势的匹配度，为本地区的长远可持续发展留有更充足的空间。政府要积极发挥“平台作用”，举办国际论坛、博览会等，促进本地区与其他地区的开放融合。

八、提高开放水平和推进国际产能合作

深入贯彻落实“一带一路”、中蒙俄经济走廊、加快向北开放的总体部署，结合内蒙古实际，推广我国自贸区建设经验，完善外向经济运行体系，加大平台载体建设力度，利用好综合保税区、中蒙跨境经济合作区、跨境旅游合作区、跨境电商综合试验区等平台，结合供给侧结构性改革，开展多层次、宽领域合作，形成境内外产业互动和产业链条互补机制，在加工贸易、跨境合作和旅游等方面培育地方支柱产业，做大做强口岸经济，变通道经济为枢纽经济，为内蒙古新旧动能转换提供强有力支撑。

（一）拓展对外开放新空间

1. 主动融入国家开放大局

坚持以“一带一路”为引领，紧扣开放发展新形势、新要求、新任务，坚持系统化思维，在国家改革开放的大布局中找准内蒙古位置、增加内蒙古分量、塑造内蒙古优势、扩大内蒙古影响。全方位对接国家自贸区战略，大力促进与签订自贸协定国家（地区）的经贸往来。

发挥内蒙古产业优势，积极参与关键的标志性项目建设。不断拓宽对内开放的广度和深度，以扩大对内开放提升市场统一性，增强对外开放竞争力，实现对内对外开放的有机统一。

积极融入“中亚区域经济合作计划”，加强与东北亚、中亚、东欧、东南亚等区域的经贸往来，扩大国际合作交流范围，巩固发展传统市场，大力开拓新兴市场。

2. 延伸口岸经济腹地

发展泛口岸经济，进一步优化对外开放口岸布局，结合区域产业分工，明确各口岸功能定位，实现差异化发展。提升二连浩特口岸和乌兰察布枢纽的一体化水平，为京津冀区域提供向北开放的主通道，吸引京津冀区域部分产业沿铁路公路向北转移，促进呼包鄂与京津冀形成密切的产业分工协作。增强满洲里口岸中短途运输职能，更好地服务于东北老工业基地振兴，助力内蒙古东部盟市发展。推动策克、甘其毛都、满都拉、珠恩嘎达布其、阿尔山、室韦等各口岸俄蒙一侧的基础设施建设，主要定位于进口毗邻地区农产品、原材料，为所在盟市就近发展加工业创造条件。更好发挥航空口岸优势，促进一批高端制造业和现代服务业项目落地。

3. 创新对外投资方式

大力推动对外投资创新发展，坚持国际产能合作和全球高端要素资源整合双轮驱动，走出去和引进来相结合，持续推进内蒙古优势企业走出去，提升产业发展水平。继续支持发展战略清晰、主业突出的企业积极开展对外投资，以投资带动贸易发展、产业发展。引导企业创新合作方式，支持投资商、设计商、建设商、装备商、服务商组建联合体，指导行业组织和境外中资企业商会组建产业联盟。促进投资和工程相结合，引导内蒙古工程企业积极承接境外项目建设工程。

4. 拓展社会人文领域合作

统筹协调各地各部门资源，不断拓展内蒙古对外人文交流新空间。扩大与“一带一路”沿线国家尤其是俄罗斯、蒙古国的社会人文领域合作，深化拓展文化、教育、科学、体育、旅游等领域交流平台，打造有国际影响力的重大人文交流品牌。支持文化企业参加境内外重要国际性文化展会和文化活动。引导文化企业在开展市场经营的同时，正面宣传内蒙古，提升内蒙古对外形象。

（二）加大国际产能合作力度

积极发挥政府牵头推动作用，统筹做好对外合作与区内发展工作。通过国际产能合作优化全球布局，带动国内技术、服务、标准和品牌走出去。

1. 深化与俄蒙能源开发利用互利合作

一是加强境外电网合作建设，适时启动建设一批 500 千伏变电站及供电线路，推进与蒙古国拟建设的南部电网实现多点联网，支持参与蒙古国 220 千伏电网建设和改造。二是推进油气输送管道互联互通，重点建设中俄东线天然气管道等跨境管道，充分利用中俄东线天然气管道向自治区东部地区供气。三是加快境外能源资源合作开发，支持区内有实力的企业参与俄蒙煤炭、油气等传统能源资源勘探开发合作，支持参与蒙古国煤油田以及俄罗斯油气资源勘探开发，探索建立“境内生产半成品—境外成品组装销售”和“境外初加工—境内精深加工”的跨境加工模式。

2. 加快绿色食品产业“走出去”步伐

重点围绕乳产品、肉类加工产业，加快“走出去”步伐，以“一带一路”沿线国家为主要市场，通过构建乳业发展共同体等各种方式扩大原奶的供应能力，融入当地乳制品市场，通过建设国际乳业交易平台、参与制定乳品和乳品装备制造标准体系等方式，提升在国际乳业市场的影响力。发挥内蒙古通往西亚、中亚和俄罗斯、蒙古国等畜牧业发达国家和地区的区位优势，加强与各国的合作，在铁路公路沿线联合建设生鲜食品冷藏（保温）运输中转存储站点，谋划建立肉类进出口加工类陆港和保税区，发展面向国际市场的肉类精深加工产业。

3. 拓展冶金、新材料国际产能合作方式

引进全球先进的钢铁、有色金属冶炼技术，在内蒙古建设规模化、绿色化的先进产能，加快淘汰现有的分散、落后产能。鼓励本地区龙头企业以海外投资并购、提供项目整体解决方案等形式，到东南亚、非洲、拉美等地布局冶炼产能，利用当地矿产资源，建立全球供应链，实现资金、人员输出。注重将资源优势转化为产业链主导权优势，在稀土新材料、石墨烯等领域，探索以技术转让、联合研发等方式，与美、日、欧研发机构开展合作，逐步提升本土企业的自主创新能力。

（三）建设高水平开放平台

1. 构建精准开放平台

大力推进满洲里、二连浩特国家重点开发开放试验区和呼伦贝尔中俄蒙合作先导区建设，加快建设一批面向俄蒙和中亚的经济技术合作区、进出口商品加工区、物流园区、旅游合作区和综合保税区，积极构建中俄、中蒙边境自贸区，加速发展陆港经济、空港经济，打造充满活力的沿边开发开放经济带。

2. 加快构建国际国内双向投资促进平台

加快建设中蒙跨境经济合作区、跨境电子商务综合服务平台等国际国内双向投资促进载体，并积极对接亚投行、丝路基金、两优贷款等国际国内平台。

3. 建设集聚效应强的重大活动平台

通过举办品牌专业展会和高端峰会论坛等，加快形成凝聚各类资源、改革创新发展的全新载体。加强与国际著名展会组织机构的合作，争取引进国际著名展会和峰会论坛。结合产业特色，重点在煤化工、新能源、新材料、装备制造、服装、食品、旅游等领域寻找合作机会。

切实加强与国际展览局（BIE）、国际大会及会议协会（ICCA）以及全球展览业协会（UFI）等国际重要专业组织的协作，争取打造1～2个重要国际展会品牌。

（四）增创外贸发展新优势

1. 推动产业与贸易联动发展

一是以产业支撑贸易转型升级。增强新能源、新医药、新材料等新兴产业的国际竞争力。发挥机械装备、农产品加工优势，壮大新的出口主导产业。二是以贸易引领产业向高端延伸。发挥内蒙古进口铁矿石、铜矿、木材和粮食优势，向下游冶炼、加工和制造延伸，并带动生产性服务业发展，助推制造业升级。

2. 推动国际与国内市场融合发展

一是打造展会促进平台。巩固传统市场，加大对“一带一路”沿线地区、新兴产业、服务贸易展会的支持力度，重点打造中蒙俄国际贸易博览会。二是形成进出并重的全球营销网络和载体布局。支持企业建设一批海外仓、境外展示分拨中心、批发市场、零售和售后服务网点。吸引大型供应链企业、平台型贸易服务企业在内蒙古设立地区总部和功能总部，建设一批全国性、区域性进出口产品采购分拨中心、交易中心和集散中心。推动木材、矿产品等区级进口交易中心建设。三是打造国际商品进出口集散中心，拓展资源型产品进口渠道。依托海关特殊监管区建设一批进口商品直销和保税展示交易中心。提升重点口岸、保税区的物流、信息和交易平台等配套设施功能，推动粮食、肉类、木材等进口指定口岸建设，增强口岸综合服务能力。

3. 推动各类外贸主体协同发展

一是大力培育本土跨国公司。鼓励有实力的民营企业深度融入全球供应链体系，开展跨国投资，加快实现标准、管理和要素国际化。培育一批有一定国际影响力、较强带动能力、全球布局、业内领先的本土跨国公司。二是发展行业龙头、“隐形冠军”企业。推动创新引领、品牌引领，鼓励区内企业打造自主知识产权，提升产业发展层次。完善外贸品牌培育、评价、宣传和保护机制，培育一批外贸品牌领军企业。三是助力中小微企业成长。推动中小微外贸企业通过为龙头型企业、跨国公司提供配套支撑服务，积极融入全球产业链。

（五）加强国际产能合作专业人才培训

加强境外投资人才服务，建立人才国际化交流和海外人才引进平台，吸引海外人才加入。加强对境外投资的实用性培训，特别是对最新案例的研究总结和最新政策的介绍。加强对各级政府工作人员、金融机构员工进行境外投资的知识普及和技术培训。

（六）健全风险预警和援助机制

不断完善境外经贸纠纷和突发事件处置工作机制，依靠国家平台，统筹利用当地商会、侨团等多方力量，畅通本地企业海外维权投诉和救助渠道，切实维护国际产能和装备制造企业合法权益。

九、政策措施

（一）国家层面政策

1. 加大对内蒙古基础设施建设支持力度

加快已经规划的铁路干线、高铁的建设，将包西高铁纳入修编后的“十三五”交通规划，加快呼包、呼准鄂铁路提速升级，加快二连浩特到乌兰察布铁路复线建设。考虑中欧班列等跨区域运输载体对全国经济的拉动作用，争取国家对铁路干线建设或提速给予专项资金支持，将内蒙古段铁路资本金占总投资比例提高至70%。参照大秦铁路、广深铁路等铁路资产上市融资的经验，争取国家铁路总公司支持，探索内蒙古部分客货运干线的股份制改造，吸引社会资本参与铁路建设。

将内蒙古公路交通纳入“一带一路”公路互联互通网络。积极论证内蒙古高速公路对振兴东北老工业基地、促进边疆少数民族地区发展、保障军民融合战略通道等方面的重要作用，提高内蒙古建设高速公路的补贴比率，从30%至少提高到45%。

加快支线机场建设的审批进度。争取对赤峰玉龙机场改扩建工程的资金支持。加快呼和浩特新机场建设，探索以空铁联运方式，实现呼和浩特、乌兰察布机场对京津冀区域的服务，稳步增加国内外航线。

将内蒙古电力外送通道纳入国家电网建设总体规划，优先安排建设。推动内蒙古新能源基地及特高压外送通道建设。以加大光伏和风能装机容量、降低弃风弃光率为契机，强调内蒙古区域内电网覆盖不全面、对外连接不畅的问题，将蒙东纳入蒙西电网覆盖范围，解决内蒙古东部地区电价偏高问题。

2. 加大内蒙古新旧动能转换平台载体建设力度

以沿黄经济带和蒙东沿边、大兴安岭沿线地区为基础，建设国家层面的绿色能源产业带、生态文明建设示范带；以呼包鄂榆城市群为载体，建设国家现代能源基地和先进材料研发制造产业集聚区；以乌兰察布、大同、张家口等京津冀一小时经济圈北部沿线城市为载体，建设国家大数据、云计算产业和现代物流产业集聚区。

在呼包鄂设立国家自主创新示范区，将内蒙古全区设为绿色金融实验区。在巴彦淖尔设立国家农业高新技术开发示范区，在乌兰察布设立国家石墨烯创新研究中心；协调海关总署在内蒙古设立大宗矿产资源进口价格评价中心；加大对能源科技创新平台和创新载体建设的支持力度。

构建生态文明建设创新示范体系。联合北方其他省区市，在自治区建设国家荒漠化防治产业科技创新中心，形成面向市场的荒漠化防治科技创新服务体系，打造我国北方荒漠化防治科技示范带。

3. 加大财政金融支持，缓解内蒙古债务压力

提高内蒙古新增地方债限额，债务置换额度的配置适当向自治区倾斜。完善内蒙古新能源税收政策，促进内蒙古新能源经济发展。推动制定出台煤制油消费税减免政策，减轻煤制油企业税负压力，支持煤制油产业健康发展。

适当增加中央财政转移支付力度。加大财政资金对草原生态保护的支持力度，延长奖补制度实施期限（例如20年）。推动内蒙古农牧区“三块地”（承包经营权、住房财产权、集体经营性建设用地）抵押贷款，设立相应的风险保障资金池。积极推进马铃薯主粮化，探索将马铃薯产业纳入粮食政策支持范围。加大对畜牧业贷款财政贴息与政策性农业保险的保费支持力度。

以承诺严控增量、妥善化解存量、防范区域性金融风险为原则，申请由国家开发银行提供中长期低息政策性贷款，置换内蒙古用于公共基础设施建设的地方融资平台债务。

推动中国进出口银行、国家开发银行扩大境外投资政策性优惠贷款规模，放宽面向国际产能合作企业和装备制造企业的准入门槛。加大政策性优惠贷款和发展基金对内蒙古绿色发展重点项目的支持力度，特别是对可再生能源、绿色高载能项目的支持。争取证监会在科创板对内蒙古企业挂牌上市的支持，推荐区内龙头企业旗下的新能源、新材料、节能环保领域的研发型子公司分拆上市融资。

4. 支持内蒙古创新与人才建设

支持知名大学、科研机构在内蒙古设立分校、分支机构，重点培养与内蒙古产业关联度大的学科，在用地、办公房、资金方面提供便利。支持建立中国科学院内蒙古分院，着眼于重点优势产业，构建与自治区产业发展高度关联的研发体系。

建立内蒙古与中央部委、长三角、珠三角干部交流机制，把内蒙古列入中央部委西部地区博士服务团支持区域。

5. 支持对内对外开放

放宽对农牧业和能源领域外商投资市场准入。鼓励跨地区的重大基础设施建设和产业园区共建，支持内蒙古与沿海地区合作建设出海通道和临港产业基地，与相邻省区合作建设能源产业集聚区。支持内蒙古建设承接产业转移示范区，支持国家产业转移相关引导资金适当向内蒙古倾斜。

加强与俄蒙毗邻地区的交往和联系，积极参与东北亚、中亚等国际区域合作。支持开展政府间互访、商贸往来、人文交流等双边多边活动，形成多层次宽领域的合作交流机制。加大支持力度，推进满洲里、二连浩特、甘其毛都、策克等重点口岸基础设施建设。

降低在内蒙古设立保税区的门槛。可将目前60亿美元的门槛减半或降至其他合适规模。完善综合保税区和保税中心功能，争取在符合条件的地区设立海关特殊监管区和保税监管场所。

协调海关总署支持有保税仓储及保税加工需求的边合区设立适应其发展的海关特殊监管区，鼓励进口资源在口岸落地加工。

6. 合理确定能耗统计标准，鼓励循环产业发展

合理确定能源输出地的能耗和排放指标，将能源输出过程中所产生的能耗，纳入能源接受省进行考核。加快环保审批。充分考虑内蒙古建设期短的特殊区情，优化环保审批流程，加快对能源、交通、水利等基础设施项目的环保审批，对历史遗留问题不一刀切。

支持煤矸石、粉煤灰、冶炼废渣等大宗工业固废回收和资源化、产业化利用项目建设。

（二）自治区层面

1. 深化改革，促进要素流动

深化改革，破除影响生产要素自由流动的各类障碍。打破要素流动的区域壁垒，促进生产要素跨区域流动，为企业打造更加广阔的发展空间。通过市场竞争实现区域主导产业的特色化和错位化发展，避免地方政府主导下的产业同质化、投资重复化倾向。

推动国企改革和行业重组，避免生产要素的无效占用。坚决清理“僵尸”企业，推动国有企业混改加速，支持具备有效率优势的龙头企业跨行业、跨区域、跨所有制并购，提高优质企业市场集中度。

加强制度保障，为人才合理流动畅通渠道。建立高层次、急需紧缺人才优先落户制度。加快人事档案管理服务信息化建设，完善社会保险转移接续办法，提供公租房、子女就学等便利，解决人才跨地区、跨体制流动的后顾之忧。

完善激励机制，在地区考核、承接平台评价、人员考核使用等方面，落实能者上庸者下的政策，建立健全容错纠错机制，激励干部干事创业，最大限度激发各部门主动协同、创新发展的积极性。

2. 完善基础设施，提升基础设施功能

打造通辽、乌兰察布、呼和浩特、包头、满洲里等公路铁路联运枢纽，鼓励高速公路服务区向交通、生态、旅游、消费等复合功能型

服务区升级。

发展以海拉尔机场、锡林浩特机场、鄂尔多斯机场、阿拉善左旗机场为区域中心的四大通用机场群。重点培育 8 ~ 10 家在内蒙古结算的通用航空公司，充分利用金融租赁、以市场换产业等手段扩大机队数量。积极吸引国内外有实力的飞机租赁公司到内蒙古设立分公司，或推动航空运输企业、飞机制造企业、金融机构等有关企业成立股份制飞机租赁公司。

以建设国家大数据基础设施统筹发展类综合试验区为契机，完善信息基础设施，优化云计算数据中心空间布局，提升大数据应用能力，推进自治区内部的数据开放共享。

3. 建设新旧动能转换平台载体

创新工业园区管理体制，加快基础功能配套。加大区域协同发展统筹力度，积极探索项目异地落地引导机制和利益分配机制，让好项目落到真正能发挥优势的地方。鼓励园区和企业走出去、请进来，发展“飞地经济”。构建园区与园区之间，区域盟市之间协作互动、相互支撑、互为补充的协同发展格局，形成区域整体优势。

实施企业灵活入园政策。对新旧动能转换重大项目实行用地计划单列，允许耕地占补平衡指标在自治区内调剂使用。

引导建设区域性技术产权交易平台，打造区域统一生产要素市场，提高创新要素配置效率。

支持举办新动能产业科技峰会、世界级能源经济论坛、中俄蒙合作经济论坛等活动。

4. 提高创新供给能力

围绕产业发展重点，强化技术创新要素支撑，构建企业主体、市场导向、政府推动、产学研结合的开放性区域创新体系，加快技术创新升级。

一是促进产业技术创新。培育建设呼和浩特生物产业、包头新材料和装备制造产业、鄂尔多斯煤化工产业、乌兰察布石墨烯产业、赤峰育苗产业、锡林浩特良种马培育产业等创新基地。培育发展创新型企业，支持骨干企业依托大型试验示范工程，建设一批国家和自治区级工程（技术）研究中心、工程实验室、企业技术中心。发展壮大若干创新型龙头企业，培育一批创新型中小企业，支持企业承担国家重大科技专项和高新技术产业化项目。

二是建设创新服务体系。构建创新服务平台，强化创业服务中心、软件产业园、大学科技园等孵化器功能，改善技术研发和产业化条件。面向产业园区，建设完善共性技术研发平台、中试基地、测试中心等公共技术服务平台。大力发展技术评估、产权交易、成果转化等中介机构，构建技术转移服务平台，促进创新成果转化。加强区域内人才、技术、设备等创新要素对接，支持园区与高校、科研院所联合共建科研机构和产学研合作示范基地。通过联合开发、委托开发、相互参股、共建经济实体等形式，围绕冶金、化工、稀土、大数据等优势产业，建立产学研战略联盟，引进知名院校、大企业，共建创新载体，共同推进核心技术攻关和关键共性技术研究。鼓励开展国际科技合作与交流。

三是完善自主创新体制机制。优化创新环境，完善企业自主创新激励机制，采取股权激励、期权分配、技术入股等方式，建立鼓励创新的分配制度。全面落实自主创新优惠政策，加大创新产品政府采购力度。支持设立创业（风险）投资基金，加强自主创新信用担保、知识产权质押贷款和科技保险等金融服务。将科技成果产业化指标作为考核和职称评定的重要依据。建立有利于创新要素流动的机制，支持科研人员合理流动。建立以企业为主体、政府支持、金融机构参与的多层次科研投入机制，切实加大对自主创新的投入。建立与区外科技创新合作交流机制，充分利用各方面创新成果。

5. 加强人才队伍建设

自治区层面制定住房、创新、创业等人才政策，重点引进产业发展急需的高端技术人才与管理人才，因事而异，因人而异，实施特殊人才政策，解决自治区发展人才瓶颈。对不同层次的人才，明确补贴与奖励标准，对边远贫困的盟市旗县，可适当放低引进人才标准，不局限于学历与年龄，着眼于实际应用技术水平。完善相关人才管理机制，对院士等高端人才，不求常来，但求所用。对中高端技术人才，积极探索定向培养机制，根据自治区发展需求，联合周边地区的高校院所、企业和社会机构，加强高素质、专长型和复合型的“订单式”技术人才培养。提高自治区属国有企业高管市场化选聘比例，盟市所属国有企业可开展经营班子整体市场化选聘试点。

实施“内蒙古人才绿卡”制度，可供在内蒙古工作、创业的非自治区户籍国内外优秀人才申领，作为其在内蒙古居住、工作、办理个人事务的证明，并享受子女入学、购房购车、内蒙古旅游景区门票优惠等一系列礼遇政策。设立“内蒙古伯乐奖”，对引进高端人才的用人单位和中介机构进行奖励。与社会资本积极合作，建立民营人力资源服务机构，制定职业培训、人才素质测评等相关重点领域扶持政策。

建立人才科学评价标准与激励体系。重视对现有人才的培养及激励，并对引入人才的后续发展持续跟进。完善科技成果转化机制，鼓励科研人员通过科技成果转化获得合理收入。

对企业设立研发机构，并达到相应标准者（持续稳定的投入、固定的场所与设备、一定数量的研发人员），予以一定奖励。建立“国高企”培育库制度，遴选一批自主创新能力强、市场前景好的高成长型科技企业，纳入“国高企”培育库。

6. 加快对内对外开放步伐

开放人才和资金自由流动，增强招商引资的主动性，鼓励支持东南沿海地区优秀成熟企业转移至内蒙古，做好产业承接工作。学习东部发达城市先进的管理经验及开放的思维模式。

加快境外能源资源合作开发，支持区内有实力的企业参与俄蒙煤炭、油气等传统能源资源勘探开发合作，支持参与蒙古国煤矿、油田以及俄罗斯油气资源勘探开发。推进油气输送管道互联互通，重点建设中俄东线天然气管道等跨境管道，充分利用中俄东线天然气管道向自治区东部地区供气。

降低产业协同发展的交易费用，推进交通、通信等基础设施一体化。加快提升教育、医疗、社会保障等公共服务水平，创新跨地区的公共服务管理机制。

7. 加大新旧动能转换的财政金融支持

在自治区层面，设立新旧动能转换基金，引导社会资本积极参与自治区新旧动能转换。安排专项经费用于支持新动能企业技术创新、产品研发、人才培训等。设立农牧业结构调整引导基金。

通过贴息等引导政策，稳定银行贷款，缓解新旧动能转换期的银行抽贷问题。争取在符合条件的情况下设立民营银行。支持自治区新动能行业的中小企业以发行公司债、企业债券和挂牌上市等方式进行直接融资。

发展草原碳汇、推动排污权市场化交易。对自愿实施严于许可排放标准的排污单位，可给予电价、资源综合利用等优惠政策。

降低企业社保负担，允许培育中的新动能企业仍按照最低标准缴纳社保或由政府新动能发展基金补齐其中差额。

扩展享受减半征收所得税优惠政策的小微企业范围。加大研发费用加计扣除、高新技术企业税收优惠、固定资产加速折旧政策落实力度，推动设备更新和新技术利用。对标研发费用加计扣除政策，允许新动能企业试生产费用加计扣除。降低土地使用税等地方税标准。

8. 改善内蒙古营商环境

一是提升政府行政能力和诚信程度。针对企业困难，精准推进产业园区基础设施和公共服务配套建设，切实保障园区的水、电、气供应。在执行国家环保和去产能政策的同时，也要防止“一刀切”“朝令夕改”，切实保护合法合规企业权益。针对部分地方政府未兑现企业投资时的优惠承诺甚至拖欠企业款项等现象，由相关部门牵头清查，既要按照“诚信政府”要求，拿出可行措施，对历史遗留问题形成妥善的解决方案，保障企业持续运营；又要注意纠正不可持续的补贴政策，让市场机制充分发挥作用，吸引真正符合内蒙古绿色发展定位的企业前来投资。

二是大力推进建设一视同仁、公平竞争的营商环境。内蒙古应把建立公平的司法环境作为改善营商环境的重要抓手和重要保障。借助舆论引导，强化法治思维；加强社会治理，培育法治环境。内蒙古还应深入推进“放管服”改革，深入落实、严格执行公平竞争审查制度，完善各项制度保障，加强顶层设计和部门间统筹协调。

三是积极借鉴其他省份在深化体制机制改革中的经验。内蒙古可以学习东北三省经验，将软环境建设工作纳入政府绩效考核和领导班子综合评价体系，考虑设立专门机构主管优化营商环境工作；学习山西省经验，深化企业投资项目承诺制改革；学习浙江省“最多跑一次”改革思路，梳理优化政府审批流程，提供便捷式、一站式公共服务。

专题一

内蒙古加快新旧动能转换的现状与基础

内蒙古是我国五个民族自治区之一，资源禀赋、区域位置、历史文化特色鲜明。随着我国工业化、城镇化进程的推进，内蒙古经济社会发展取得令人瞩目的成就，经济增长曾多年位居全国前列，"羊煤土气"闻名海内外。然而随着外部经济社会环境的变化，内蒙古传统竞争力在逐渐消减，迫切需要培育新优势。

一、经济总量增长面临巨大下行压力

21 世纪以来，内蒙古国内生产总值由 2000 年的 1539.1 亿元增加到 2017 年的 17289.2 亿元，年平均增长率高达 14%，2004 年甚至达到 23.8%。除 2017、2018 年外，都高于全国水平（图 1–1）。人均生产总值从 2000 年的 6502 元增加到 2018 年的 68302 元，位居全国第 10 位。

但是，2017 年内蒙古经济出现了断崖式下跌，由 2014 ~ 2016 年的百分之七点多迅速下滑至 2017 年的百分之四，虽然 2018 年反弹到百分之五点三，但是仍然处于全国倒数第四，仍面临巨大的下行压力。

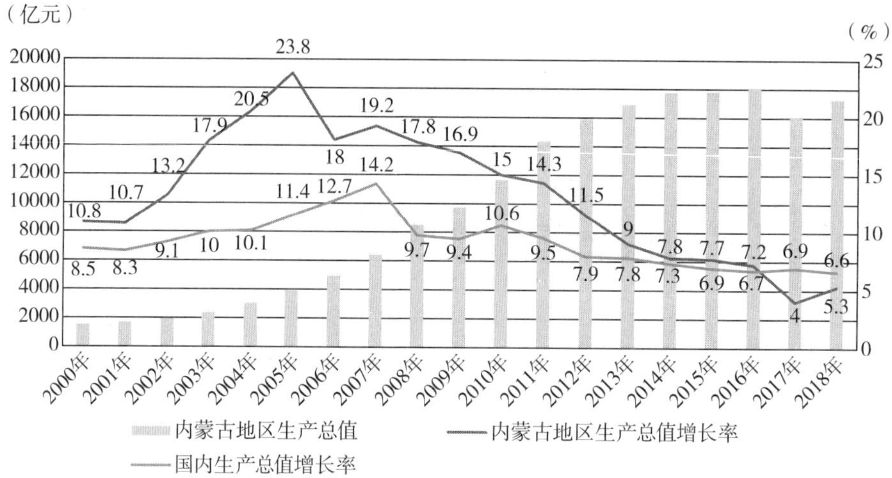

图1-1　内蒙古2008～2017年GDP状况

资料来源：国家统计局。

二、产业格局初步形成，产业结构失衡严重

（一）以能源、资源为主导的产业格局初步形成

自2000年以来，内蒙古工业化、城镇化进程加快，经济结构不断优化，实现了从农牧业主导型向工业主导型的历史性转变。内蒙古三次产业结构由2000年的22.8 ∶ 37.9 ∶ 39.3演变到2018年的10.1 ∶ 39.4 ∶ 50.5（图1–2），并形成以能源、冶金建材、化工、农畜产品加工等能源资源密集型产业为主导的产业格局。经过多年的发展，内蒙古已形成以能源、冶金建材、化工、农畜产品加工等能源、资源密集型产业为主导的现代产业格局。煤炭、铁合金、电石、甲醇、稀土化合物、煤制油、煤制天然气等7种工业品产量居全国首位，电石、铁合金、PVC、单晶硅全国市场占有率分别达到33.4%、18.9%、23.1%、34.2%（表1–1）。

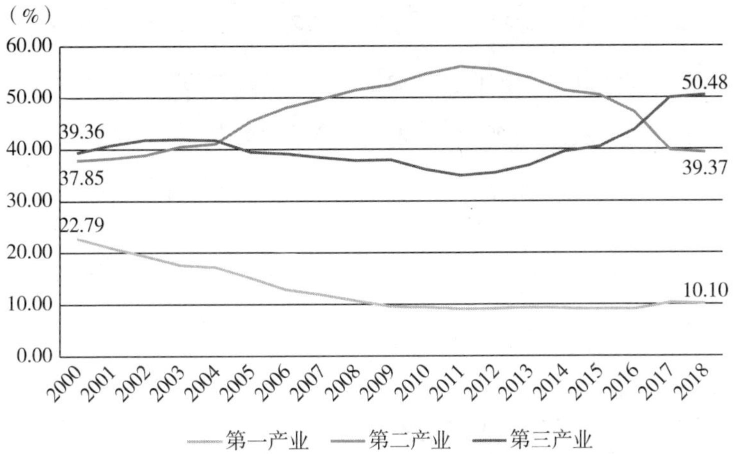

图1-2　2000～2018年内蒙古三次产业增加值占地区生产总值比例

数据来源：国家统计局。

表1-1　2018年内蒙古主要工业品产量

产品类别	2018年	同比增长（%）
原煤（万吨）	97560.3	7.7
焦炭（万吨）	3374.1	10.8
原油（万吨）	121.6	-2.5
发电量（亿千瓦小时）	5003.0	13.4
粗钢（万吨）	2307.6	16.3
钢材（万吨）	2259.5	12.8
电解铝（万吨）	431.2	22.9
平板玻璃（万重量箱）	1037.7	5.0
化肥（万吨）	428.5	-13.0
精甲醇（万吨）	968.7	12.0
水泥（万吨）	2905.3	-5.0
乳制品（万吨）	254.8	4.5
铝材（万吨）	169.9	18.5
彩色电视机（万部）	134.1	-2.5
基本型乘用车（轿车）（辆）	88786	12.5
十种有色金属（万吨）	548.4	20.0

资料来源：内蒙古自治区经济和信息化委员会。

内蒙古工业飞速发展的同时，农牧业也保持了全国领先的地位。

内蒙古是全国重要农畜产品生产加工基地之一，其中奶制品、羊肉、羊绒产量居全国第一。2018 年内蒙古自治区粮食产量为 3553.3 万吨。其中稻谷产量 121.9 万吨，小麦 202.3 万吨，玉米 2700 万吨，大豆 179.4 万吨，薯类 149.8 万吨。全区年猪肉产量 71.8 万吨，牛肉产量 61.4 万吨，羊肉产量 106.3 万吨。粮食、肉类及其制品大部分外调供应国内其他地区。

（二）产业结构中重化工业占比过大，抵抗经济下滑风险能力较弱

内蒙古产业结构失衡严重，主要表现为重化工业占比过大，2017 年规上工业增加值中能源、化工、冶金建材占比高达 84.8%，而服务业特别是高附加值的新兴服务业占比偏低，新兴产业发展缓慢，占工业增加值比重仅为 1.6%，经济贡献微乎其微（表 1–2）。尤其是作为工业化发展主导力量的装备制造业比重仅为 2.7%，增速为 –13%。

内蒙古传统产业竞争优势趋向弱化，这是因为以能源、资源为基础的重化工业的波动幅度大于经济波动：在经济形势较好时，重化工产品需求强劲，行业增速要高于整体经济，但当经济形势不好时，重化工产品需求疲软，行业下滑程度要高于整体经济。在 21 世纪我国经济处于高速增长工业化阶段时，内蒙古经济增速高于全国，而随着我国经济进入高质量发展的新常态和供给侧改革的推进，经济增速下降时，重化工业增速大幅下降，这不仅导致了第二产业的产业结构比例低于第三产业，而且也使内蒙古经济上涨幅度低于全国，甚至出现断崖式下跌（图 1–1、图 1–2、图 1–3）。内蒙古过去能源经济体量大、传统重化工业占比高的量之优势，如今成了质量效益劣势，实现高质量发展的瓶颈。

表1-2　　　　内蒙古2017年主要工业行业增加值情况（%）

指标名称	增速	比重	贡献率
规模以上工业	3.1	100.0	100.0
能源工业	10.3	55.2	170.8
其中：煤炭	13.4	24.9	97.6
电力	11.9	18.5	65.8
化学工业	11.8	13.6	47.7
冶金建材工业	-6.9	16.0	-39.7
其中：非金属	-24.5	2.2	-23.4
黑色金属	-3.1	6.5	-6.9
有色金属	-2.9	7.4	-7.3
装备制造工业	-13.0	2.7	-13.7
农畜产品加工业	-12.0	10.3	-46.8
高技术业	-3.3	1.6	-1.8

资料来源：内蒙古自治区经济和信息化委员会。

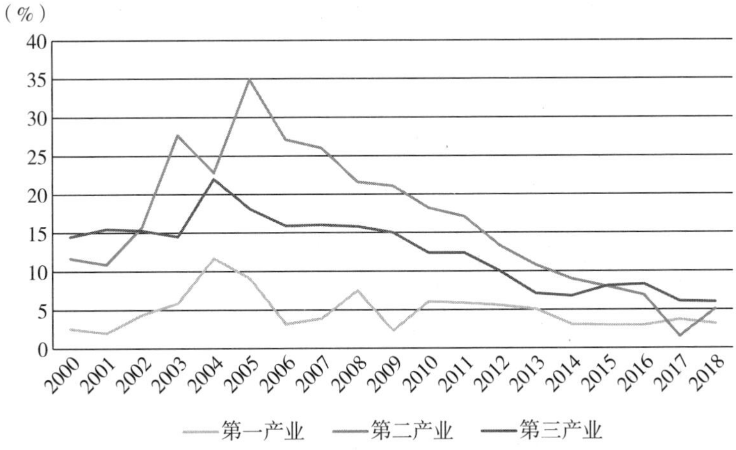

图1-3　2000～2018年内蒙古三次产业增长率

数据来源：国家统计局。

（三）内蒙古自然资源禀赋丰富，相关产业仍处于产业链、价值链中低端

内蒙古具有丰富的自然资源赋存。全区探明矿种多达144种，是

全国发现新矿物最多的省区。煤炭、稀土、铅、锌、银等 17 种矿产保有资源储量位居全国首位，位居全国前 3 位的矿产资源有 43 种，居全国前 10 位的有 85 种。此外，内蒙古耕地面积 1.37 亿亩，草原面积 13.2 亿亩，森林面积 3.73 亿亩。丰富的矿产和自然资源，为内蒙古发展提供了难以复制的独特优势。

但是内蒙古主要生产初级原材料及产品，深加工产品处于相对落后状态。2017 年，全区主要工业品中，煤炭转化率不足 40%，电解铝延伸加工比例仅为 50%，稀土原材料深加工比例不足 30%，钢材产品中汽车用钢、家电用钢等中高端产品占比不足 29%，农畜产品深加工率仅为 58%。如果不尽快提高资源开发利用水平，在目前形势下，内蒙古可能会陷入“资源诅咒”的陷阱。

专栏1-1　　内蒙古陷入“资源诅咒”陷阱的风险加大

“资源诅咒”指自然资源对经济增长产生的限制作用，资源丰裕的经济体增长速度往往慢于资源贫乏经济体。造成“资源诅咒”的原因很多，从产业发展视角看，主要是矿产资源行业缺乏制造业部门所具有的规模收益递增和正外部性的特征，在生产要素既定的前提下，大量生产要素转移到矿产资源开发上，将直接排挤具有增长能力的产业的投入。而且资源产业的资本存量和劳动力，有很强的行业专属性，且很难转型。资源产业繁荣期间容易形成丰厚的资源租金，大量的人在寻租方面投入更多的精力，减少生产性的投入，这必然会走入“资源诅咒”的发展陷阱。

“资源诅咒”产生有三个重要前提，即矿产资源富集、经济欠发达、处于经济转型期，而这些与内蒙古情况有诸多吻合，内蒙古经济增长同样存在“资源诅咒”等问题困扰的可能性。

（四）主导企业数量减少，民营经济发展滞后、负担加重

主导企业是能够对一个地区的某个产业乃至整个地区经济发挥带动作用的企业。虽然内蒙古培育了一批包括包钢、伊利、蒙牛等在内的有根植性、竞争力的龙头企业，但是由于内蒙古的主导企业多集中于重化工行业，本身面临巨大生存压力，2017 年内蒙古规上企业为 2802 家，比 2016 年减少 1200 多家，主导企业对经济的带动作用在减弱。

2017 年末，民营经济主体发展到 181.60 万户，占全区各类市场主体总量的 97.61%，是创造 GDP 和吸纳就业的主要力量，其增加值占 GDP 比重为 63.3%。但是非公经济增加值 2017 年仅增长 2.38%，比全区低 1.62 个百分点。民营经济固定资产投资额完成 6644.37 亿元，占地区固定资产投资总额的 46.73%，同比下降 3.5%。尽管如此，全区民营经济实现纳税额 1621.82 亿元，占全区税收总收入的比重为 67.69%，同比增长 7.31%，税收对经济增长的挤出效应非常明显。

（五）工业园区体制机制难以适应新旧动能转换要求

内蒙古产业较好地实现集中、集聚和集约发展。经过近三十年的发展，目前全区各级各类工业园区数量已达 112 个，规划总面积 4569.6 平方公里，其中建成面积 543.5 平方公里（表 1–3）。累计完成固定资产投资 4930.9 亿元，入驻企业 1.9 万户，从业人员 91.9 万人。2017 年，全区工业园区实现产值 11217.9 亿元，其中规模以上工业产值 8288 亿元，占全区规模以上工业总产值的 65.3%；园区工业企业实现税收 722.9 亿元，占全区工业税收的 57.7%。在这些园区中，产值超百亿的工业园区占比不到 30%，其中产值超 500 亿元 4 个，300 亿 ~ 500 亿元 8 个，100 亿 ~ 300 亿元 20 个，产值 100 亿元以下 80 个。

表1-3　　全区工业园区结构布局

		园区数量（个）	占园区工业产值比重（%）	占园区税收比重（%）
批准设立权限	国家级	10	18	18
	自治区级	53	62	64
	盟市及旗县以下	49	20	18
园区类型	经济开发区	21	38	47
	经济技术开发区	5	11	11
	高新技术产业园区	3	8	6
	工业园区、工业开发区、项目区	60	25	22
	产业园区、产业基地	18	16	13
	边境经济合作区、互市贸易区	3	1.1	0.3
	出口、口岸加工区	2	0.7	0.4
地区分布	东部盟市工业园区	55	22	21
	西部盟市工业园区	57	78	79

资料来源：内蒙古自治区经济和信息化委员会。

但是内蒙古工业园区发展也面临种种困境和问题，造成园区空心化、同质化和低端化。主要表现为：规划的引领作用没有得到发挥，近 1/3 园区没有完成产业规划，而完成产业规划的园区，既有的规划也与实施脱节，其中 58% 没有随着形势的变化和自身的发展对规划进行动态评估调整；大部分工业园区的功能不完善，集聚和承载要素资源的能力明显不足；全区工业园区规划面积 4570 平方公里，但建成率仅为 12%，不到全国国家级开发区水平的 20%，绝大部分的土地圈而不用；园区管理体制高度行政化，创新发展活力不足；园区与地方政府的责权边界不清，各类审批权限交叉，“放管服”改革不到位。

（六）区域内部分工格局初步形成，但地区间同质化竞争仍较为突出

从产业的空间分工来看，内蒙古已初步形成了自东向西逐步升级的空间格局。西部呼和浩特、包头、鄂尔多斯、乌海工业比重较高，

形成了冶金、机械、电力等主导产业，中东部的农牧业、旅游、物流业表现出一定的比较优势。但整体上，自治区内部的分工仍是以资源型产业为基础的低水平分工，地区之间尚未建立起基于产业链、创新链的协作式分工体系，在冶金、建材、电力、农牧业等行业领域的同质化竞争依然突出。

从内蒙古各地区发展的功能定位来看，尽管有所侧重，但在部分领域的趋同性仍值得关注。以各地区“十三五”规划中的发展定位为例，如表 1–4 所示，各地区中，只有满洲里和二连浩特两个计划单列市中没有将“清洁能源基地”作为其功能定位，有 8 个盟市将“绿色农牧产品”作为本地区的主导产业方向。

表1-4　　内蒙古各盟市在“十三五”期间功能定位的比较

盟市	功能定位
呼和浩特	民族特色鲜明的区域中心城市，草原丝绸之路战略节点城市，区域性现代服务业集聚区，新型工业化示范地区，转型升级与创新创业引领地区
包头	稀土新材料基地，新型冶金基地，清洁能源输出基地，现代装备制造基地，新型煤化工基地，绿色农畜产品精深加工基地，区域性创新创业中心，区域性物流中心，区域性新型产融结合中心，区域性消费中心，区域性文化旅游中心，北方重要的生态安全屏障和祖国北疆安全稳定屏障，自治区向北、向西开放的战略支点
乌海	全国重要的煤焦化工、氯碱化工循环产业基地，自治区重要的精细化工产业基地，清洁能源输出基地，中国西部区域旅游集散地和国际特色旅游目的地，以葡萄（酒）产业为核心的现代农业基地，自治区西部“小三角”地区乃至宁蒙陕毗邻区域中心城市，西部地区生态文明先行示范城市，自治区向北开放的重要能源资源加工交易中心，蒙宁合作先导区，区域金融服务中心、生产性物流中心、大数据应用中心
赤峰	国家有色金属冶炼加工基地，京津冀地区清洁能源保障输出基地，自治区绿色农畜产品生产加工输出基地，国家特色文化旅游和生态休闲度假基地，国家级产业合作与转型升级示范区
通辽	内蒙古对接东北老工业基地、融入国家“一带一路”、京津冀协同发展战略和草原丝绸之路经济带建设的重要节点城市，区域物流、创新创业的现代综合枢纽城市，以煤电铝循环经济为主的铝新材料等有色金属产业基地，区域清洁能源输出基地，国家重要的玉米生物科技产业基地，绿色农畜产品生产加工输出基地，全国最大的蒙医药科研生产基地，自驾旅游体验基地

续表

盟市	功能定位
鄂尔多斯	国家清洁能源输出主力基地，现代煤化工生产示范基地，全区铝循环产业基地，装备制造业基地，面向全国市场的绿色农畜产品生产加工输出基地，呼包银榆区域性中心城市，重要的综合性交通枢纽，现代物流枢纽，自治区重要的经济中心，面向全国的生态休闲、健康养生和旅游度假基地，西部品质名城
呼伦贝尔	全国可持续发展的生态环境保护建设示范区，全国沿边开发开放最具活力的合作先导区，国家重要的绿色有机农畜林产品生产加工输出基地，国家重要的清洁能源和煤基产品加工输出基地，国际化高端旅游目的地，民族团结、边疆安宁、美丽幸福家园
巴彦淖尔	绿色农畜产品生产加工输出基地，有色黑色金属和进口资源深加工基地，清洁能源输出基地，现代化工及新材料生产基地，河套文化特色旅游度假基地，生态安全和安全稳定“两个屏障”，国家和自治区向北开放的重要桥头堡，融入“一带一路”的重要枢纽城市
乌兰察布	承接非首都功能疏解和产业转移的示范基地，清洁能源输出基地，绿色农畜产品生产加工输出基地，体现草原文化、旅游休闲度假基地，高端化工及新材料产业基地，现代物流基地，京津冀及周边地区商品和服务进入俄蒙欧的大通道，国家级生态文明示范区
兴安	全国重要的绿色农畜产品生产加工输出基地，国际知名的特色旅游观光休闲度假基地，面向东北和环渤海地区的清洁能源输出基地，全国民族团结进步示范区，全国扶贫开发创新先行区，全国生态文明建设引领区，新亚欧大陆桥的重要节点
锡林郭勒	祖国北疆重要的生态安全屏障，国家清洁能源输出基地，重要的绿色农畜产品加工输出基地，草原文化旅游休闲度假基地，国家重要的向北开放前沿阵地
阿拉善	国家重要的生态功能示范区，服务丝绸之路经济带和中蒙俄经济走廊的重要通道，国际旅游目的地，国家重要的清洁能源示范基地，国家重要的军民融合空天基地，国家重要的沙产业示范基地
满洲里（区计划单列市）	我国北向沿边开发开放的重要窗口，对外交流合作平台和沿边地区重要的经济增长极，中蒙俄经济走廊陆海和陆路联运大通道重要节点和综合性枢纽，内蒙古东部地区联通毗邻俄蒙地区的区域性中心城市，东北亚著名的国际口岸旅游城市，边疆民族地区和谐进步的示范区
二连浩特（区计划单列市）	向北开放的“黄金桥头堡”，丝绸之路经济带上的重要国际物流枢纽，沿边经济带的重要增长极，富民安边睦邻的示范口岸

资料来源：根据各盟市“十三五”规划整理。

三、向新经济转型迈出了步伐，但短时期内难以形成支柱产业

近年来，内蒙古积极发展新兴技术产业，取得显著成效。例如内蒙古云计算数据中心服务器承载能力超过100万台，居全国第一。尤其是中国电信云计算内蒙古信息园发展成为亚洲最大的云计算园区，是中国电信云与大数据研发应用全国核心基地，是“8+2+X”战略北方核心节点。在两年时间里已吸引大量客户入驻，包括内蒙古发改委、呼市经信委、上证所、百度、阿里、网易等政企用户。

但是，内蒙古新兴产业占比小、发展不足，带动性强的新增长点尚未形成，除医药、新材料等产业外，云计算、大数据等产业尚处于培育阶段，并没有实现自我发展，仍需要大量的投入，转型升级任务艰巨。

四、区位特色显著，对外开放是内蒙古经济发展短板

内蒙古地处我国北疆，横跨西北、华北、东北，毗邻俄罗斯和蒙古国，具有发展沿边开放的独特优势，是我国向北开放的前沿。作为“一带一路”战略中通联俄罗斯、蒙古国的重要节点，内蒙古在对外贸易中所扮演的角色越来越重要，但是对外开放却是内蒙古经济发展的短板，内蒙古嵌入国际分工和国际产业链程度较低。

内蒙古已同183个国家和地区的客户建立了投资贸易往来及经济技术合作关系，贸易触角继续延伸，遍布亚、欧、非、南美、北美和大洋洲，形成了贸易伙伴多元化的市场格局。但是，内蒙古外贸依存度长期处于低位，2017年全区进出口总额占GDP比重只有5%，远远低于全国平均水平，对经济增长的贡献极小。此外产业经济的外向度和国际化水平低，“走出去”战略实施缓慢，国际产能合作的地区结

构和产业结构不尽合理：境外投资企业数量 60% 集中在蒙、俄两个国家，企业协议投资额 83% 集中在柬埔寨、香港、蒙古国和俄罗斯，投资矿产勘探开发、森林采伐和木材加工项目占接近 40%。尽管内蒙古有对俄、蒙两国的地缘优势，但对俄、蒙进出口贸易分别仅占全国的 4% 和 50% 左右，沿边区位优势发挥不够。2018 年 1 ~ 6 月，全区实际利用外资 12.25 亿美元，占比不足全国的 2%。全区境外协议总投资约 3 亿美元，仅占全国同期境外投资总量的千分之六，几乎可以忽略不计。

专栏1-2 鹿王集团马达加斯加和柬埔寨境外投资项目

内蒙古鹿王羊绒有限公司，鹿王集团在非洲马达加斯加投资3500万美元建设羊绒制品加工厂，解决了当地6000余人就业，帮助马达加斯加培养了一批不同种类的高级技术、管理人才，成为马达加斯加最大的企业。鹿王集团2010年将马达加斯加建厂的成功经验在柬埔寨成功复制。鹿王柬埔寨建设年产羊绒制品100万件羊绒制品项目，于2010年在金边投入建设，项目总投资900万美元，主要建设羊绒制品加工厂，购置生产设备及配套设施，目前已完成投资400多万美元。2016年马达加斯加和柬埔寨两家海外工厂顺利向英国、德国、法国、意大利、美国、日本、韩国、中国香港等国家和地区出口高级羊绒制品220万件，占鹿王公司出口总量近70%。

五、基础设施网络体系日益完善，仍存在关键短板

自 2000 年以来，内蒙古设施建设发展迅速。至 2017 年底，全区

公路通车里程 19.9 万公里，其中高速公路突破 6300 公里，一级公路突破 7000 公里，均居全国前列。铁路营运里程达到 1.4 万公里，居全国首位。通信基础设施实现了全覆盖，98% 以上的行政村接入光纤。尤其是 2019 年后北京到呼和浩特高铁开通，使内蒙古进入北京 2 小时经济圈，为内蒙古融入京津冀奠定扎实交通基础，拓展内蒙古发展空间。

但是，内蒙古基础设施存在关键短板，制约内蒙古经济发展。例如，二连浩特到乌兰察布铁路只有单线，运力极为紧张，导致大量从蒙古国方向进口的货物积压在二连浩特，严重影响了内蒙古和蒙古国的经济交往。

此外，内蒙古高速铁路发展严重滞后，自治区急需的客运干线未进入上一轮“四横四纵”高铁网络规划，新一轮“八横八纵”中的包西高铁、京兰客运专线呼包段进展缓慢，呼包鄂、通辽、赤峰等主要城市（群）的高铁网络连接不畅。公路网密度仅为全国平均水平的 1/3，高速公路网建设进度落后于国家要求；而且与俄蒙两国毗邻地区的公路水平更低，内蒙古边境口岸的公路投资升级动力不足。骨干节点城市的带宽、时延仍未完全满足云计算、大数据产业的较高需求。

六、高端要素支撑不足，“缺人才、缺技术、缺资金”严重

无论是新动能培育还是旧动能改造，都离不开人才、资金、科技等高端要素。从实践看，高端要素支撑不足已经成为制约内蒙古新旧动能转换的瓶颈。

（一）人才总量不足，高层次人才短缺已成发展“瓶颈”

截至2017年底，全区人才总量为240余万人，占全部人口的9.5%。专业技术人才96万人，其中具有高级职称人员24.9万人，占26%。技能人才181.96万人，其中高技能人才59.33万人，占32.6%。全区享受国务院政府特殊津贴专家4484人，仅占全部人口的0.06‰，两院院士1人、国家“千人计划”14人、国家“万人计划”25人、“长江学者”特聘教授4人。在自治区人才队伍中，高新技术学科和新兴学科的人才相对缺乏，高精尖人才少之又少，在国际国内处于领先水平的学科带头人和重点产业领域人才严重匮乏，已经成为制约内蒙古经济社会发展的“瓶颈”。

（二）自主创新能力不断提升，区域创新体系和能力建设相对薄弱

2008～2017年，全社会研究与发展经费占地区生产总值由0.44%提高到0.82%，全区国家级和国家与地方共建创新平台43家，国家级高新区3家，高新技术企业532家。能源、化工、冶金等产业技术装备水平高于全国平均水平，乳业、羊绒、稀土加工工艺世界领先，煤化工、氯碱化工、天然气化工技术达到世界先进水平。

长期以来，内蒙古研究经费投入强度始终低于全国平均水平，在科技、研究、教育等领域还未建立起能够支撑未来持续发展的综合体系，在区域范围内具有一定特色和影响力的各类性质的科研创新机构相对缺乏。尤其是企业作为创新主体的体制机制尚未建立起来，从事科技创新意愿和能力不足。2017年，全区规上工业企业2802个，开展R&D活动的有345个，同比减少70个。全区规上工业企业R&D经费支出108.3亿元，同比下降15.4%（图4、图5）。

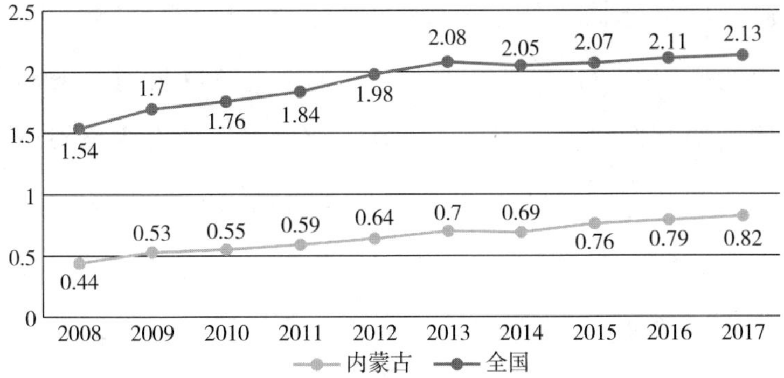

图1-4 2008～2017年全国与内蒙古R&D经费投入强度变化情况

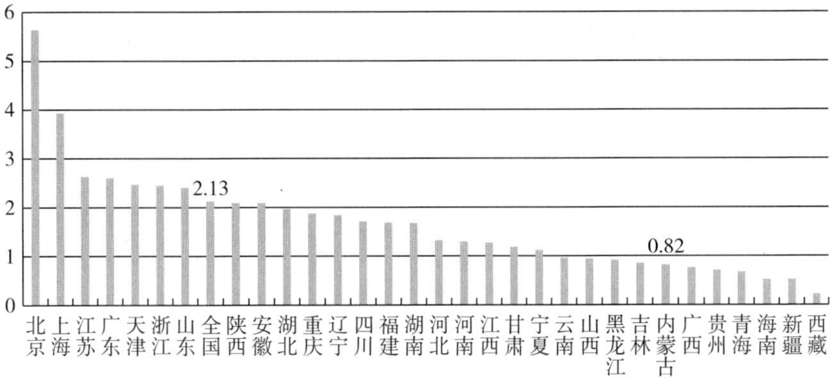

图1-5 2017年全国各地区R&D经费投入强度排名

资料来源：《全国科技经费投入统计公报》（2009～2018）。

（三）金融体系难以满足新旧动能转换的融资需求

金融通过“资本积累”和“技术创新”两个渠道，对产业规模扩张、机构变迁和技术进步产生综合影响。新旧动能转换需要与新动能相配套的金融发展，以适应不同企业和产业的融资要求。近年来，内蒙古金融业的实力显著增强，在助推科技创新发展、产业转型升级、中小微企业发展上做出了贡献。

但金融体系存在发展不平衡、不充分问题，在支持实体经济方面，存贷比高、信贷行业集中度高、不良贷款率高，形势严峻，导致目前内蒙古企业普遍融资困难，尤其是中小微企业无法通过金融体系获得资金支持。调查发现，民营企业 100 强新增投资资金主要来源为自有资金（90%）和银行借贷（69%），选择股票市场（10%）和债券市场（5%）融资的企业较少。

内蒙古财政能力下降（图 1–6、图 1–7）。2017 年，内蒙古财政收入与 GDP 之比约为 10.6%，低于发展水平（人均 GDP）相当的省份。自 2010 年，财政收支差占 GDP 的比重也呈现出明显的上升趋势，尤其是在 2014 年之后呈现出加速扩大的趋势，地方债务负担沉重，是全国比较高的省份之一（图 1–8）。地方财政能力的下降会直接影响到本地区区域创新、产业发展转型、公共服务、基础设施建设等发展能力的提升，并可能在一定程度上对发展的转型形成刚性的约束，限制地方政府发展经济的实施空间等。

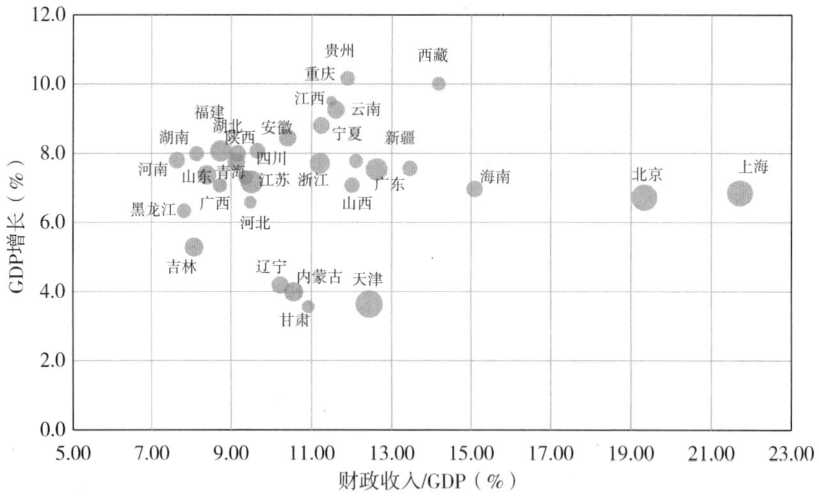

图1-6　2017年各省财政收入能力的比较

注：圆圈大小表示人均GDP。

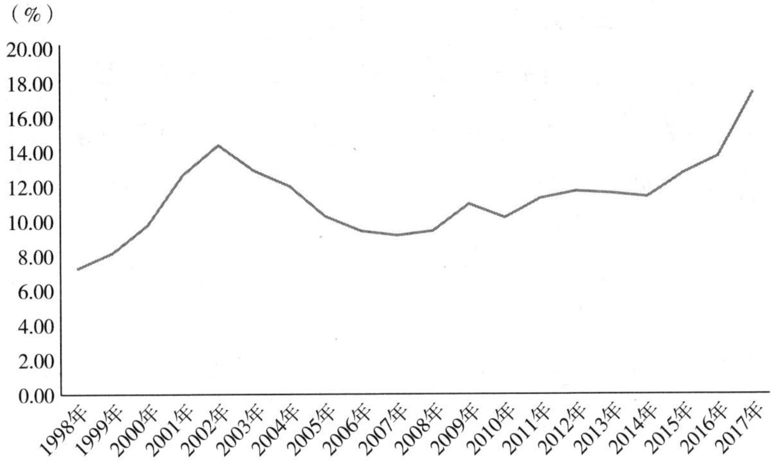

图1-7　1998～2017年内蒙古财政收支差/GDP之比

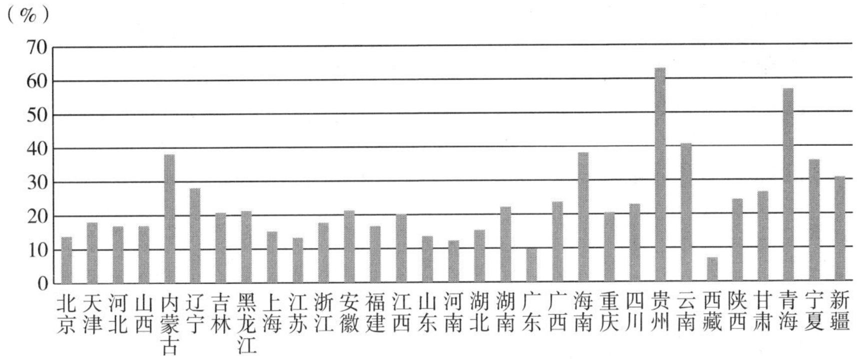

图1-8　2017全国各省显性债务与GDP比值

资料来源：国家统计局。

七、内蒙古营商环境亟待改善

打造公平有效的企业发展环境是促进新旧动能转换的必然要求。近年来内蒙古“放管服”改革力度很大，营商环境明显改善，但是与企业发展、产业转型升级的要求仍有巨大差距。

（一）不合理的市场准入障碍仍然较多

部分地方没有“真放权、放真权”，仍然存在审批手续复杂，审批环节较多的情况，各部门在审批管理中不作为、互为“前置审批”条件的现象屡见不鲜。

（二）公平竞争环境尚未形成

民营企业与国有企业待遇不同，民营企业在资质许可、政府采购、科技项目、标准制定、融资等方面处于劣势。

（三）政府行政能力亟待提高

政府治理能力不仅是营商环境的重要内容，也是影响地区舆论形象的重要因素。调研发现，内蒙古企业对政府行政的满意程度普遍较低。监管越位、缺位、不到位问题依然突出，执行政策机械武断。

（四）政府诚信亟待提升

部分地方政府失信、“新官不理旧账”、机关工作人员乱作为、不作为，招商引资过程中“JQK”“关门打狗”等问题较为突出。更有少数地方政府存在拖欠企业款项的问题，严重打击了企业投资、扩大生产的积极性。

专题二

内蒙古新旧动能转换面临的形势

内蒙古新旧动能转换要顺势而为。目前，新一轮科技和产业革命正在兴起，全球经济进入深度调整期，发达国家将打压我国发展空间，我国经济由高速增长转向高质量发展新阶段，国家改革开放和区域发展战略不断做出调整，区域之间竞争更加激烈。内蒙古应审时度势，在变化的外部环境中，创造最佳发展机遇。

一、全球将掀起人类科学技术史上一场前所未有的革命浪潮，科技创新突飞猛进

未来 30 年，全球将发生一场以绿色、智能为特征的新科技革命（图 2–1）。科技创新将驱动以信息网络、智能制造、新能源和新材料为代表的新一轮产业革命，从而引发了全球产业发展方式的变革。信息、生物医药、新能源、新材料等领域有可能出现颠覆性技术，对全球经济格局、生产生活方式和区域发展模式产生重大影响，经济发展动力由要素驱动向创新驱动转换，产品、机器、人依托互联互通的

网络从封闭走向开放，智能产品、智能工厂、供应商协同网络应运而生，人类社会由现代工业社会向高效智能社会演进。

科技革命对内蒙古将产生巨大的影响。一方面是消极的影响。例如清洁新能源技术严重削弱了内蒙古煤炭的禀赋优势，新兴清洁能源技术主要用于发电，当发电成本随着技术进步而下降到一定程度后，新兴电源将与传统电源展开激烈的市场竞争。按目前技术进步的趋势，这一天有可能在 3 ～ 5 年内到来。虽然地下的煤炭依然富集，但产业优势却已无法与“煤炭黄金十年”期间相比。另一方面是积极的影响。例如，稀土、石墨烯等新材料产业面临巨大发展机遇。

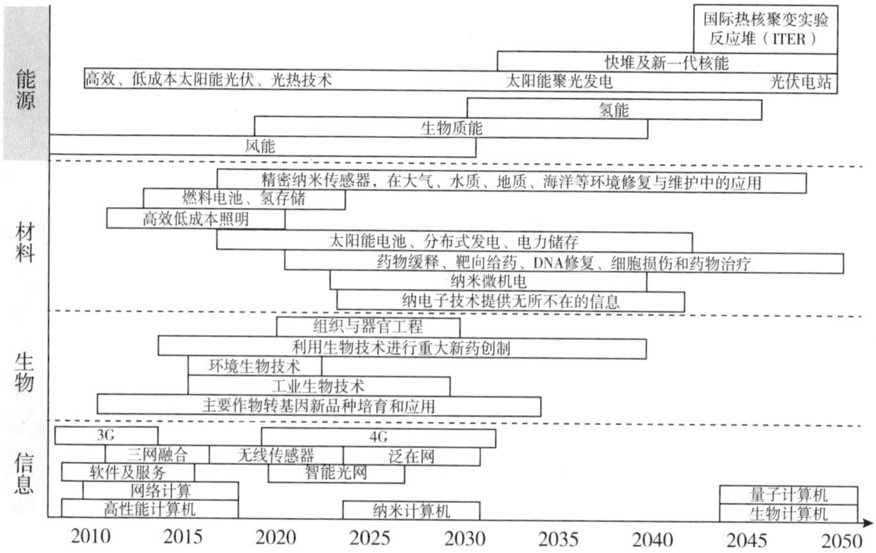

图2-1　未来30年全球科技变革

专栏2-1　　以互联网经济为代表的新经济的特征与规则[①]

一是新要素，即信息（数据）成为新的生产要素。在人类社会的相当长时期，能作为生产要素的主要是劳动力、土地和资

① 选自凯文·凯利：《新经济，新规则》，电子工业出版社2014年版。

本，俗称“人、地、钱”。进入工业社会以后，科技创新与制度变革相继成为新的生产要素。自互联网兴起以来，信息本身正在成为一个独立的生产要素，谁拥有更多的信息，谁就拥有更多的机会与财富。这一点正在对传统的经济学理论和产业发展产生前所未有的影响。

二是新基础设施，即互联网成为新的基础设施。经过二十多年的发展，互联网已经从最初的“工具”提升为“渠道”，现在，正在演化为社会性的基础设施，并正在形成“云、网、端”的立体形态。一个遍及所有人、物、场景、设施，从人与人的互联到物与物相联、再到“一切联结一切”的万联状态，理论逻辑上已没有任何问题。如同铁路、公路、电力等传统基础设施一样，互联网正在成为基于信息这一新要素所必不可少的基础设施。

三是新主导权，即商业活动的主导权从生产商、流通商向消费者转化。在整个工业时代，生产者和消费者之间“信息不对称”是常态，相对于组织严密、无规模巨大、行动力强的生产者而言，消费者往往分散、独立、缺乏行动能力，前者强而后者弱。但在互联网时代，随着各类终端的普及，消费者开始变得见多识广，其信息能力的提升速度甚至远远超过了企业。传统的信息不对称正在发生逆转，这无论是对于企业还是对于政府，都有着非比寻常的意义。

新的基础设施、新要素、新主导权正在塑造新经济，形成新规则。未来新经济的十条新规则是：拥抱集群；回报递增；普及，而非稀有；追随免费之道；优先发展网络；不要在巅峰逗留；从地点到空间；和谐不再，乱流涌现；关系技术；机遇优于效率。

二、国际经济处于调整期，发达国家加紧挤压我国发展空间

全球金融危机至今已经过去 10 年，世界经济已经由国际金融危机前的快速发展期进入深度转型调整期，正在寻找新的增长动力和发展引擎。“全球制造”和“全球生产”成为大趋势，贸易体系和规则也正在重塑。全球资源要素流动的加快表现为经济主体间高度的渗透性和互补性，信息流、知识流等约束减少，成本减少，新产业、新技术、新业态、新模式层出不穷。美国政府积极推动“再工业化”战略，深陷债务泥潭的欧洲也在努力走出“欧洲僵化症”，建设“创新型欧盟”。以金砖国家为代表的新兴经济体国家纷纷提出了本国的创新发展战略，“创新”正在成为各国博弈的战略抓手。

三、我国经济由高速增长转向高质量发展新阶段

我国经济由高速增长阶段转向高质量发展阶段，经济结构、产业结构发生巨大变化。高质量体现在区域层面，就是要地方必须结合各自特色条件实现差异化发展，意味着内蒙古制定未来发展的目标要求也要更高、更加全面，转变发展方式的任务更加紧迫。特别是我国节能、环保、用水、清洁生产法律政策约束逐步强化，内蒙古产业升级实现绿色发展面临挑战日渐加大。

（一）消费结构升级为产业新旧动能转换提供巨大市场空间

随着我国经济发展和收入水平的提高，居民的消费水平和消费结构变化正在进入新的阶段，开始注重提高生活品质与生活价值，追求发展与享受型消费，消费领域也会随着产业的发展不断拓宽，

涵盖教育、文化、娱乐、信息、旅游、低碳环保以及生活服务等各个方面。改革开放40年来，我国居民的生存型消费占消费总支出的比重不断下降。据统计，我国城镇和农村居民消费恩格尔系数分别由1978年的57.50%、67.7%下降到2017年的28.6%、31.2%；发展和享受型消费比重则不断提高，城镇和农村居民交通通信、教育文化娱乐、医疗保健等消费占消费总支出的比重，分别由1981年的10.79%、7.80%上升到2017年的37.06%、34.75%，消费结构升级明显。2000～2017年，中国城镇居民人均交通通信支出年均增长38.3%，医疗保健支出年均增长17.6%，文教娱乐支出年均增长15.2%，居住支出年均增长11.8%，服务型消费支出的增长速度明显快于物质型消费支出。

服务型消费需求的满足，需要快速发展的服务业做支撑。同时，服务业的快速发展有利于吸纳就业，提高居民的整体收入与消费能力，其在消费结构与产业结构升级中的重要性日益凸显。

（二）人口老龄化改变产业结构和产业布局

我国已进入人口老龄化社会，年轻人口比重在逐年降低，而老年人口比重在逐年增加，这对我国产业结构和产业布局产生重大影响。一方面，人口红利意味对人才争夺更加激烈，劳动力密集型产业将向劳动力成本较低区域转移，另一方面人口老龄化将促进医疗、养老等健康服务业发展。对内蒙古来讲，医疗、养老等健康服务业面临巨大的发展机遇，因为内蒙古拥有独特区位优势、优良自然禀赋、较低生活成本，这些有利条件让内蒙古承接北京养老服务成为可能。

（三）全面改革不断深化，国家治理体系不断完善

中央与地方的事权、财权关系将进一步调整和规范，地方政府推动区域发展的传统手段、空间将出现重大变化，地方政府以往的发展思路、政策体系、政绩考核等需要重塑，地方治理能力需要加快提升。

国家持续实施重大战略与推进重点领域和关键环节改革需要地方做出积极应对。国家将持续实施科教兴国战略、人才强国战略、创新驱动发展战略、乡村振兴战略、振兴东北战略、西部崛起战略、区域协调战略、可持续发展战略、军民融合发展战略、“一带一路”倡议、地方主动对接国家战略。此后，国家持续深化产权保护、国企国资、财税金融、政府管理等重点领域和关键环节改革。结合区域特点，全面贯彻国家战略将给地方带来巨大发展机遇。

专栏2-2　　东北振兴战略与内蒙古发展

东北振兴战略主要涉及内蒙古东部呼伦贝尔、兴安、锡林郭勒、赤峰、通辽5个盟市。东部盟市国土面积占全区的56.2%，人口占全区一半，而经济总量只有全区的31%，财政收入只有全区的21%。东部盟市边境线占全区的70%，少数民族人口占全区的80.1%；森林面积占全区的82%，草原面积占全区的56.7%；全区182个自然保护区，东部就有123个。东部盟市煤、电、有色金属等能源资源丰富，产量分别占东北的69%、27%和59%，是东北地区重要的能源资源支撑基地。加快东部盟市振兴，对维护民族团结和边疆稳固，建设祖国北方生态安全屏障，全面实现国家东北振兴具有重大的战略意义。

四、内蒙古面临巨大区域竞争压力

区域发展“东强西弱”“南强北弱”的分化格局短期内难以改变（图 2–2）。内蒙古周边外围区域（华北、东北、西北）多为当前发展相对弱势区域，未来内蒙古要牢牢把握服务全国、全球这一发展主线。

对高技能人才、创新型人才等高端要素的吸引力成为区域竞争力的核心。要认真研究地方能够真正引人留人的要素，把打造高端事业平台和良好的发展环境作为区域人才争夺的关键。

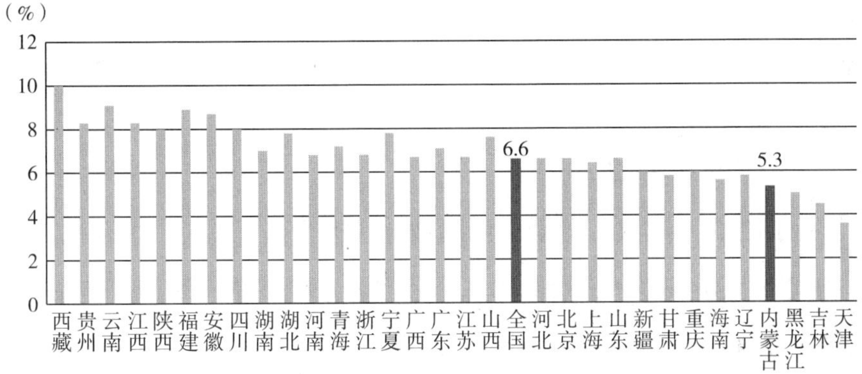

图2-3　全国各地2018年经济增长状况

专题三

内蒙古产业竞争力分析

一、内蒙古与全国其他省份产业竞争力比较分析

（一）分析框架

根据数据可得性，分别采用两种方法进行分析。一是综合评价法，即构建产业竞争力评价指标体系，依据各指标权重计算产业竞争力综合评价指数，进而判断某一产业在各地区的竞争能力。二是定性分析法，即对某产业在不同地区的发展状况进行描述。

产业综合竞争力，从四个侧面进行考察，即产业经济实力、产业生产经营效率、产业增长能力、产业市场竞争力。遵循指标选取的科学性、可比性、数据可得性和针对性原则，构建产业竞争力综合评价指标体系，该指标体系包含四大类共 12 项指标，采用层次分析方法确定各个指标权重（表 3-1）。

表3-1 产业竞争力指标体系

总目标	一级指标	一级指标权重（%）	二级指标	二级指标权重（%）	计算公式及说明
产业竞争力指标体系	经济实力	9.5	产业总产值	16.3	
			产业资产总额	29.7	产业劳动生产率=某城市产业总产值/某城市产业年平均用工人数
			产业劳动生产率	54	
	生产经营效率	16	成本利润率	23.85	成本利润率=某城市产业利润总额/某城市产业主营业务成本
			人均利润	13.65	人均利润=某城市产业利润总额/某城市产业年平均用工人数
			总资产周转率	62.5	总资产周转率=某城市产业营业收入总额/某城市产业资产总额
	增长能力	27.8	总产值增长率	29	
			利润增长率	52.7	
			资产增长率	18.3	
	市场竞争力	46.7	市场占有率	62.6	市场占有率=某城市产业销售产值/全国产业销售产值
			销售利润率	23.8	销售利润率=利润总额/主营业务收入
			销售增长率	13.7	销售增长率=本年销售收入增长额/上年销售收入总额之比

（二）工业部门竞争力比较

1. 区内 38 个工业行业竞争力比较

基于上述产业竞争力综合评价指标体系，对内蒙古自治区内 38 个两位数工业行业的竞争力进行比较，排名如表 3–2。

表3-2　　内蒙古自治区内38个工业行业竞争力排名

产业	经济实力排名	生产经营效率排名	增长能力排名	市场竞争力排名	产业竞争力排名
煤炭开采和洗选业	2	10	7	1	1
石油和天然气开采业	1	3	20	2	2
文体和娱乐用品制造业	17	1	17	5	3
金属制品业	21	28	1	8	4
有色金属矿采选业	15	14	19	3	5
黑色金属矿采选业	11	19	15	4	6
燃气生产和供应业	7	32	6	6	7
有色金属冶炼和压延加工业	6	27	3	12	8
仪器仪表制造业	9	2	5	34	9
食品制造业	14	16	16	7	10
造纸及纸制品业	20	7	11	11	11
化学纤维制造业	36	25	2	26	12
木材加工制品业	24	6	25	10	13
农副食品加工业	8	11	14	14	14
橡胶和塑料制品业	25	12	8	15	15
非金属矿采选业	27	17	22	9	16
烟草制品业	10	4	29	17	17
电力、热力生产和供应业	3	30	30	19	18
非金属矿物制品业	13	26	9	20	19
印刷和记录媒介复制业	35	15	12	16	20
专用设备制造业	19	18	10	25	21
皮革毛皮羽毛制品和制鞋业	32	8	13	27	22
酒、饮料和精制茶制造业	30	24	18	18	23
医药制造业	29	22	27	13	24
纺织服装、服饰业	33	13	23	22	25
化学原料和化学制品制造业	4	31	21	29	26
家具制造业	23	5	33	28	27
纺织业	18	20	32	21	28
电气机械和器材制造业	12	21	26	30	29
通用设备制造业	22	23	24	32	30
废弃资源综合利用业	26	9	31	33	31
黑色金属冶炼和压延加工业	5	34	35	24	32

续表

产业	经济实力排名	生产经营效率排名	增长能力排名	市场竞争力排名	产业竞争力排名
计算机、通信电子设备制造业	31	37	4	37	33
石油加工炼焦和核燃料加工业	16	33	34	31	34
铁路船舶航空航天设备制造业	34	29	36	35	35
汽车制造业	28	38	28	38	36
水的生产和供应业	37	35	37	23	37
金属制品、机械和设备修理业	38	36	38	36	38

基于内蒙古 38 个工业行业的各指标相应数据，可得到各工业产业在自治区内的竞争力排名。从竞争力得分前 10 位与后 10 位产业的内部结构来看，内蒙古工业产业竞争力呈现如下几个特点。

第一，重化工业是内蒙古工业竞争力的主要支撑。按轻重工业分类，内蒙古产业竞争力前10位的产业中，典型的重工业有煤炭采选业、石油和天然气开采业、有色金属矿采选业、黑色金属矿采选业、有色金属冶炼和压延加工业等。产值结构也同时显示，内蒙古的产业结构以基础工业和重化工业为主。

第二，对自然资源具有较强的依赖性，竞争优势的产业主要分布在资源密集型产业。从产业竞争力评价结果来看，内蒙古具有现实竞争优势的产业主要分布在资源密集型产业中，如煤炭开采和洗选业、石油和天然气开采业等。在产业竞争力的前 10 位中，有 5 个产业涉及对能源的采选和加工。

第三，战略性新兴产业等高端产业成长不足。从产业技术层次来看，内蒙古的竞争优势产业大多是技术层次不高的传统制造业或者资源型产业，而医药制造业、电气机械及器材制造业、计算机及通信电子设备制造业、铁路船舶航空航天设备制造业等高技术产业的竞争力还较弱，高技术产业尚难在工业增长中充分发挥先导作用。

2. 电力能源行业竞争力对比分析

鉴于数据原因，报告选取除海南、云南、青海、吉林、甘肃、西藏、香港、澳门、台湾之外的25个省级区域与内蒙古进行细分行业竞争力对比。采用电力、热力生产和供应业数据，对各省、直辖市、自治区电力能源行业的竞争力排名如表3-3。

表3　　电力能源行业竞争力排位表

省份	经济实力排名	生产经营效率排名	增长能力排名	市场竞争力排名	产业竞争力排名
广东	2	4	8	1	1
浙江	4	1	12	3	2
江苏	3	2	11	2	3
北京	1	21	10	4	4
山东	6	6	20	5	5
河南	13	5	19	6	6
福建	7	9	13	7	7
湖北	16	14	4	9	8
河北	11	7	21	11	9
内蒙古	10	23	6	8	10
上海	5	10	14	16	11
陕西	20	13	5	15	12
湖南	21	12	7	14	13
贵州	19	19	1	18	14
辽宁	17	17	17	12	15
四川	8	24	22	10	16
山西	15	18	18	13	17
安徽	12	8	23	17	18
天津	9	11	16	22	19
宁夏	14	22	2	24	20
广西	22	15	15	20	21
新疆	18	25	3	19	22
重庆	23	20	9	23	23
黑龙江	24	16	24	21	24
江西	25	3	25	25	25

在电力能源行业，内蒙古的综合竞争力排位靠前，在西部省份中排在首位，具有较强的产业竞争能力。在增长能力和市场竞争力上，分别位居第 6 和第 8 位，表明内蒙古的电力能源产业具有很强的发展势头和竞争力。但与全国大多数地区相比，内蒙古电力能源行业的生产经营效率排位靠后，仅高于四川和新疆，未来需要在运营效率方面继续发力。

就内蒙古、陕西、山西三个能源大省来看，内蒙古的产业综合竞争力排名第 10 位，而陕西、山西分别排名第 12、17 位。分项指标中，内蒙古能源行业的经济实力和市场竞争力显著高于山西和陕西；生产经营效率方面，内蒙古（23）则明显低于陕西（13）和山西（18）；增长能力方面，陕西与内蒙古排名相近，分别居第 5 和第 6 位，山西的行业增长能力最弱，居第 18 位。

3. 有色冶金行业竞争力对比分析

采用有色金属冶炼和压延加工业数据，对各省、市、自治区有色冶金行业的竞争力排名如表 3-4。

表3-4　　有色冶金行业竞争力排位表

地区	经济实力排名	生产经营效率排名	增长能力排名	市场竞争力排名	产业竞争力排名
山东	1	9	18	1	1
江西	2	2	22	3	2
河南	3	15	12	2	3
江苏	6	5	23	4	4
新疆	13	20	1	13	5
安徽	5	4	6	7	6
广东	9	8	16	5	7
湖南	11	3	17	6	8
内蒙古	12	17	3	10	9
湖北	16	1	4	20	10
四川	17	14	2	15	11

续表

地区	经济实力排名	生产经营效率排名	增长能力排名	市场竞争力排名	产业竞争力排名
天津	4	6	7	18	12
广西	10	18	5	9	13
浙江	7	10	21	8	14
陕西	14	12	14	11	15
重庆	18	11	11	14	16
福建	8	16	20	12	17
贵州	15	19	10	16	18
河北	20	7	19	19	19
上海	19	13	15	21	20
山西	22	22	13	17	21
北京	23	21	8	22	22
宁夏	24	24	9	23	23
辽宁	21	23	25	24	24
黑龙江	25	25	24	25	25

在有色冶金行业，内蒙古的综合竞争力位居前 10，在西部省份中次于新疆，具有较强的产业竞争能力。尤其是在增长能力上，在 25 个省区中排第 3 位，意味着内蒙古的有色冶金产业增长势头强劲。但内蒙古有色冶金产业的生产经营效率排位相对靠后，仅居第 17 位。

4. 石油化工行业竞争力对比分析

采用石油加工、炼焦和核燃料加工业数据，对各城市石油化工行业的竞争力排名如表 3–5。

表3-5　　石油化工行业竞争力排位表

地区	经济实力排名	生产经营效率排名	增长能力排名	市场竞争力排名	产业竞争力排名
山东	1	8	6	1	1
辽宁	7	16	2	2	2
山西	12	25	1	11	3
广东	4	10	11	3	4
湖北	9	1	12	14	5

续表

地区	经济实力排名	生产经营效率排名	增长能力排名	市场竞争力排名	产业竞争力排名
江苏	8	4	19	4	6
河北	11	18	4	5	7
浙江	2	13	9	6	8
黑龙江	20	14	5	13	9
广西	3	11	10	19	10
上海	13	12	7	12	11
河南	18	7	15	7	12
重庆	25	2	21	17	13
天津	10	9	22	8	14
福建	6	21	8	16	15
湖南	22	3	20	22	16
四川	14	15	16	15	17
新疆	16	20	18	9	18
内蒙古	21	23	3	20	19
江西	23	17	14	18	20
安徽	15	6	23	24	21
陕西	5	24	13	10	22
北京	17	5	24	23	23
宁夏	19	22	17	21	24
贵州	24	19	25	25	25

石油化工行业综合竞争力排名前 3 的省份是山东、辽宁和山西，内蒙古石油化工行业的综合竞争力在 25 个省区中仅排第 19 位。各分项竞争力中，除增长能力排名靠前外，经济实力、生产经营效率和市场竞争力排名均较为靠后。相比而言，行业经济实力、生产经营效率和市场竞争力还有很大提升的空间，内蒙古石油化工行业如果能够保持现有的强劲增长势头，未来通过与“一带一路”沿线国家加强国际合作，加快推动行业转型升级，产业综合竞争力将有很大提升潜力。

5. 装备制造行业竞争力对比分析

采用通用设备制造业数据，对各省、市、自治区装备制造行业的竞争力排名如表 3–6。

表3-6 装备制造行业竞争力排位表

地区	经济实力排名	生产经营效率排名	增长能力排名	市场竞争力排名	产业竞争力排名
江苏	2	9	13	1	1
山东	1	4	19	2	2
河南	9	3	8	5	3
广东	12	13	4	4	4
浙江	10	16	17	3	5
湖南	6	1	6	12	6
重庆	17	8	2	10	7
河北	13	11	3	9	8
安徽	7	10	12	8	9
江西	14	2	5	15	10
天津	8	7	18	11	11
福建	16	5	9	13	12
北京	18	12	14	6	13
上海	5	18	20	7	14
四川	4	14	15	14	15
湖北	11	19	7	16	16
内蒙古	3	6	16	21	17
贵州	23	17	1	19	18
广西	15	15	10	18	19
陕西	19	20	21	17	20
山西	25	22	11	20	21
宁夏	22	23	22	24	22
黑龙江	21	24	23	23	23
新疆	24	21	25	22	24
辽宁	20	25	24	25	25

内蒙古装备制造业的综合竞争力在25个省份中排名17位，市场竞争力较弱，增长能力一般，即使在西部地区也不具明显优势。不过，同时应该看到，内蒙古的装备制造业已有一定的基础，生产经营效率较高，借助于交通运输发展的机遇以及电子信息产业、电力能源产业等相关产业发展带动，内蒙古在数控机床、轨道交通装备、航空装备、电力装备、工程机械装备等方面具有广阔的发展前景。

6. 电子信息行业竞争力对比分析

基于各省、市、自治区计算机、通信和其他电子设备制造业数据，得到各省区电子信息行业的竞争力排位。

表3-7　电子信息行业竞争力排位表

地区	经济实力排名	生产经营效率排名	增长能力排名	市场竞争力排名	产业竞争力排名
广东	1	15	21	1	1
广西	7	1	8	4	2
江苏	5	7	18	2	3
四川	9	14	1	9	4
陕西	16	5	4	3	5
山东	4	2	19	8	6
重庆	3	6	11	17	7
浙江	18	8	15	5	8
福建	13	12	7	10	9
湖南	12	4	10	16	10
辽宁	20	9	13	6	11
天津	8	3	24	11	12
江西	19	10	5	12	13
湖北	10	18	6	18	14
黑龙江	22	13	17	7	15
安徽	11	17	14	13	16
北京	2	21	12	20	17

续表

地区	经济实力排名	生产经营效率排名	增长能力排名	市场竞争力排名	产业竞争力排名
上海	6	19	22	19	18
内蒙古	15	23	2	22	19
贵州	14	11	9	23	20
河南	17	20	20	15	21
河北	23	16	23	14	22
山西	21	22	16	21	23
新疆	24	24	3	24	24

注：宁夏无相关统计数据。

在电子信息行业竞争力方面，内蒙古的综合竞争力排名靠后。在该行业中，广东等东南沿海地区和广西、四川、陕西、重庆等西部省份具有较强的竞争力。内蒙古电子信息产业生产经营效率和市场竞争力较弱，但应该看到，内蒙古电子信息产业已有一定的规模和实力，增长势头强劲，只要进一步夯实实力，保持持续增长，并下大力气提高生产经营效率和市场竞争力，行业竞争力会进一步提升。

7. 生物制药行业竞争力对比分析

基于各省、直辖市、自治区医药制造业数据，得到各省级区域生物制药行业的竞争力排位（表 3–8）。

表3-8　生物医药行业竞争力排位表

地区	经济实力排名	生产经营效率排名	增长能力排名	市场竞争力排名	产业竞争力排名
山东	1	5	14	1	1
江苏	2	2	15	2	2
河南	5	3	12	3	3
广东	3	18	6	4	4
北京	11	6	13	5	5
浙江	9	17	10	6	6
湖南	4	1	9	14	7

续表

地区	经济实力排名	生产经营效率排名	增长能力排名	市场竞争力排名	产业竞争力排名
江西	7	7	3	10	8
上海	6	11	17	7	9
四川	10	10	18	8	10
陕西	8	8	11	13	11
湖北	12	19	7	9	12
贵州	19	13	8	12	13
安徽	13	14	4	18	14
广西	18	4	16	17	15
重庆	14	15	5	19	16
新疆	25	25	1	24	17
福建	21	12	20	16	18
黑龙江	23	16	21	11	19
天津	17	21	19	15	20
宁夏	22	24	2	25	21
河北	15	20	23	21	22
内蒙古	16	22	24	22	23
辽宁	20	9	25	20	24
山西	24	23	22	23	25

在生物制药行业方面，内蒙古的综合竞争力排位较为靠后。在分项上，除经济实力以外，生产经营效率和市场竞争力在25个省份中均排名第22位，增长能力也仅高于辽宁。这表明内蒙古的生物制药具有一定规模，但该行业亟须加大扶持力度，加强蒙中医药质量和品牌建设，培育生物药和化学药国内龙头企业，同时改善生产经营效率，积极拓展市场，进而推动整体竞争力的提升。

8. 食品加工行业竞争力对比分析

采用食品制造业和农副食品加工业数据，对各省、直辖市、自治区食品加工行业的竞争力排名如表3–9。

表3-9　　食品加工行业竞争力排位表

省份	经济实力排名	生产经营效率排名	增长能力排名	市场竞争力排名	产业竞争力排名
山东	1	10	21	1	1
河南	5	12	9	2	2
天津	2	1	11	5	3
江苏	3	6	8	3	4
福建	14	11	2	7	5
江西	9	3	3	10	6
湖北	4	2	16	6	7
广东	8	15	10	4	8
湖南	15	5	7	8	9
陕西	16	9	6	9	10
重庆	22	7	4	17	11
安徽	10	4	14	16	12
四川	13	8	18	11	13
贵州	17	13	5	18	14
内蒙古	7	16	12	12	15
河北	11	14	17	13	16
广西	12	18	23	14	17
北京	25	20	1	22	18
黑龙江	6	17	24	19	19
新疆	21	19	15	15	20
宁夏	18	23	19	20	21
山西	24	21	13	24	22
浙江	20	24	22	21	23
上海	23	22	20	23	24
辽宁	19	25	25	25	25

内蒙古食品加工行业的综合竞争力在25个省份中居第15位，排名与西部地区其他省份较为接近，高于部分东部沿海省份，反映出内蒙古在该行业上具有一定的竞争实力。从分项竞争力看，内蒙古食品

加工行业的经济实力优势较为明显，增长能力和市场竞争力基本处于全国平均水平，但生产经营效率排名较为靠后，需要在这方面进一步强化。

9. 省级区域工业整体竞争力比较

基于2015、2016年各省、直辖市、自治区工业的各项指标，运用综合指标体系评价法，得到各省级区域的工业整体竞争力排名（表3-10）。

表3-10　　工业整体竞争力排位表

省份	经济实力排名	生产经营效率排名	增长能力排名	市场竞争力排名	产业竞争力排名
江苏	2	4	15	1	1
山东	1	2	22	2	2
广东	6	10	6	3	3
河南	10	7	11	4	4
江西	16	1	3	11	5
浙江	13	15	18	5	6
福建	20	6	5	6	7
湖北	8	11	12	7	8
湖南	17	3	7	13	9
上海	7	13	21	9	10
重庆	18	9	2	14	11
安徽	12	12	10	12	12
河北	9	14	17	8	13
广西	14	5	13	18	14
四川	11	16	19	10	15
天津	3	8	23	16	16
北京	4	20	14	17	17
陕西	15	18	8	15	18
内蒙古	5	19	9	20	19
贵州	22	17	4	19	20

续表

省份	经济实力排名	生产经营效率排名	增长能力排名	市场竞争力排名	产业竞争力排名
宁夏	19	24	1	22	21
新疆	21	22	16	21	22
山西	25	25	20	24	23
黑龙江	24	21	24	23	24
辽宁	23	23	25	25	25

从工业部门整体看，内蒙古的工业竞争力与全国其他省份相比较弱，在25个省级区域中排名第19位。四个一级指标中，内蒙古工业部门整体的市场竞争力和生产经营效率排名尤为靠后，这两点是今后一段时间需要着力解决的问题。但同时内蒙古在工业的整体经济实力和增长能力上具有较大的优势，这也为内蒙古工业的进一步发展打下坚实基础。

就内蒙古最具优势的重化工业而言，与重化工业大省山东相比仍有明显差距。山东是全国重化工业大省，化工、钢铁以及煤炭等传统产业占工业比重约70%，与内蒙古重化工业占比相近。但从电力能源、有色冶金、石油化工行业竞争力的省际比较结果看，山东三个产业的综合竞争力分别位居第5、1、1位，而内蒙古相应产业的综合竞争力分别位居第10、9、19位。内蒙古在保持现有增长势头的同时，仍需下大力气夯实经济实力，提升生产经营效率，不断提高市场竞争力。

（三）服务业竞争力比较

服务业产业综合竞争力，选取第三产业增加值占比、人均第三产业增加值、第三产业增加值增长率三个一级指标，采取指标等权重法，构建服务业产业竞争力综合评价指标体系。与工业竞争力分析一致，选取除海南、云南、青海、吉林、甘肃、西藏、香港、澳门、台湾之外的25个省级区域与内蒙古进行服务业产业竞争力对比分析（表3–11）。

表3-11　　服务业产业竞争力综合评价指标体系

总指标	一级指标	指标权重
产业竞争力	第三产业增加值占比	1/3
	人均第三产业增加值	1/3
	第三产业增加值增长率	1/3

从服务业部门整体看，内蒙古的服务业竞争力在全国25个省份中排名第15位。三个一级指标中，第三产业增加值增长率排名第21位，显示内蒙古第三产业增长能力较为欠缺。但同时应注意，内蒙古在人均第三产业增加值排名上较为靠前，居第9位，第三产业增加值占地区GDP比重居第18位，显示内蒙古第三产业对经济增长的支撑作用较强，也为内蒙古下一步经济结构的转型升级打下基础（表3–12）。

表3-12　　内蒙古服务业整体竞争力排位表

省份	增加值占比排名	人均增加值排名	增加值增长率排名	产业竞争力排名
北京	1	1	14	1
上海	2	2	5	2
天津	3	3	3	3
江苏	9	4	11	4
广东	6	6	8	5
浙江	8	5	12	6
四川	11	18	2	7
重庆	10	10	9	8
福建	19	8	7	9
山东	12	7	17	10
黑龙江	5	13	22	11
湖南	13	15	6	12w
江西	21	22	1	13
山西	4	17	23	14
内蒙古	18	9	21	15
湖北	17	12	13	16

续表

省份	增加值占比排名	人均增加值排名	增加值增长率排名	产业竞争力排名
宁夏	14	16	20	17
安徽	24	23	4	18
陕西	20	14	15	19
河南	22	21	10	20
贵州	16	25	16	21
河北	23	20	18	22
广西	25	24	19	23
新疆	15	19	24	24
辽宁	7	11	25	25

（四）主要结论

一是产业结构进一步优化，经济高质量增长态势明显。2017 年，内蒙古三次产业比例为 10.2 ∶ 39.8 ∶ 50.0。第一、第二、第三产业对生产总值增长的贡献率分别为 10.3%、14.8% 和 74.9%，第三产业占比进一步提升。从三次产业结构看，第三产业成为拉动内蒙古经济增长的第一动力，内蒙古第三产业比重高于宁夏、新疆和广西三个自治区，产业发展呈现明显的产业结构高端化态势（图 3–1）。

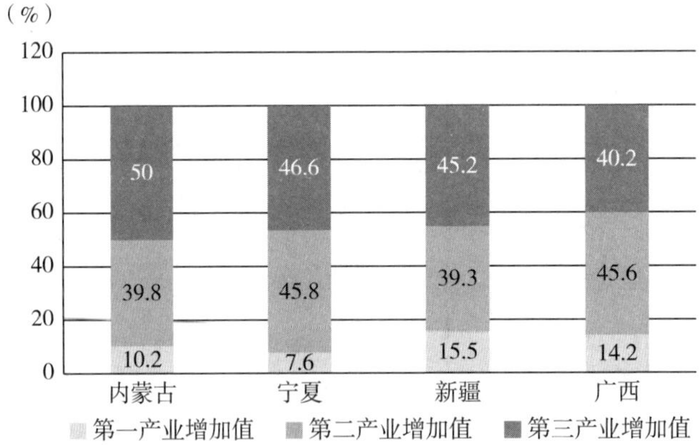

图3-1 全区三次产业增加值占地区生产总值比重

二是传统优势产业发展态势良好，新兴产业加速崛起。产值结构显示，内蒙古的产业结构以基础工业和重化工业为主，重化工业仍是内蒙古工业竞争力的主要支撑。内蒙古传统的优势产业如食品加工、电力能源、有色冶金、石油化工等行业保持稳健发展，在经济总量中占有绝对地位，对内蒙古经济平稳健康发展发挥了主要作用。今后一段时期传统优势产业仍将是维持内蒙古经济可持续发展的压舱石。与此同时，高端装备制造业、电子信息产业、生物制药产业以及现代服务业等新兴产业的规模不断扩大，呈现增长态势，表明经济新动能正在迅速积聚。

三是与其余省区相比，内蒙古优势产业形成一定竞争力。2017年，内蒙古工业企业利润率明显上升，是经济增长的主要力量。新能源、新材料、电子通信等产业增长较快，稀土化合物产能、云计算服务器承载能力居全国第一，新动能增长明显。与其他省份相比，内蒙古优势产业尽管在经济实力、生产经营效率、增长能力等方面有所不足，但总体来看已形成一定的产业竞争力。尤其是食品加工、电力能源、有色冶金、服务业等产业的竞争力已位居西部地区前列，与东部地区一些省份相比也具有一定的优势。

四是新兴产业竞争力有待进一步提升。近些年，内蒙古在装备制造、电子信息、生物制药、文化旅游、现代物流、大数据等产业发展上持续发力。纵向对比，内蒙古自治区新兴产业规模不断壮大，占比逐年提高。横向与其余省份相比，装备制造、物流业和旅游业等现代服务业已经具备一定竞争力，但仍有很大的提升空间。装备制造需要在夯实经济实力、改善生产经营效率的基础上，下大力气提升增长能力，扩大市场竞争力。物流业、旅游业等现代服务业则需在健全产品体系、提升增加值上下大功夫，大力提高增长能力。

二、内蒙古区内各盟市产业竞争力比较分析

（一）工业竞争力比较

基于 2015、2016 年各盟市工业各项指标，运用综合指标体系评价法，得到各盟市的工业整体竞争力排名（表 3–13）。

表3-13　　内蒙古各盟市工业整体竞争力排位表

地区	经济实力排名	生产经营效率排名	增长能力排名	市场竞争力排名	产业竞争力排名
鄂尔多斯	1	2	5	1	1
包头	2	10	1	2	2
通辽	4	1	6	3	3
乌兰察布	8	5	2	4	4
兴安	12	3	3	8	5
赤峰	5	4	9	6	6
呼和浩特	3	6	8	7	7
阿拉善	6	7	10	5	8
巴彦淖尔	9	9	4	10	9
呼伦贝尔	7	8	12	9	10
乌海	11	12	7	11	11
锡林郭勒	10	11	11	12	12

从工业部门整体竞争力看，内蒙古 12 个盟市中鄂尔多斯市居首，其余盟市排名从高到低依次为：包头市、通辽市、乌兰察布市、兴安盟、赤峰市、呼和浩特市、阿拉善盟、巴彦淖尔市、呼伦贝尔市、乌海市、锡林郭勒盟。

四个一级指标中，经济实力排名前三的是：鄂尔多斯市、包头市、呼和浩特市；生产经营效率排名前三的是：通辽市、鄂尔多斯市、兴安盟；增长能力排名前三的是包头市、乌兰察布市、兴安盟；市场竞争力排名前三的是：鄂尔多斯市、包头市、通辽市。

（二）服务业竞争力比较

从服务业部门整体看，内蒙古自治区 12 个盟市中呼和浩特市居首，其余盟市排名从高到低依次为：鄂尔多斯市、包头市、阿拉善盟、锡林郭勒盟、通辽市、乌海市、巴彦淖尔市、呼伦贝尔市、兴安盟、赤峰市、乌兰察布市（表 3–14）。

表3-14　　内蒙古各盟市服务业整体竞争力排位表

地区	第三产业增加值占比排名	第三产业人均增加值排名	第三产业增加值增长率排名	产业竞争力排名
呼和浩特	1	2	11	1
鄂尔多斯	4	1	6	2
包头	2	3	5	3
阿拉善	12	5	1	4
锡林郭勒	11	6	2	5
通辽	8	8	4	6
乌海	3	4	12	7
巴彦淖尔	10	9	3	8
呼伦贝尔	5	7	9	9
兴安	9	12	7	10
赤峰	6	10	8	11
乌兰察布	7	11	10	12

三个一级指标中，第三产业增加值占比排名前三位的是：呼和浩特市、包头市、乌海市；第三产业人均增加值排名前三位的是：鄂尔多斯市、呼和浩特市、包头市；第三产业增加值增长率排名前三位的是：阿拉善盟、锡林郭勒盟、巴彦淖尔市。

三、内蒙古产业发展的有利因素和不利条件

中国发展进入新时代，面临全球新一轮科技革命和产业变革的机会窗口。以信息技术为引领，生物技术、新材料技术、新能源技术等

技术群广泛渗透、交叉融合，通过科技成果产业化、市场化，催生出新行业、新业态，传统产业生产方式正发生转变，全球产业链价值链格局正在经历新的调整，技术融合、产业融合带来传统产业升级发展新途径。

政策环境空前利好，政策保障不断加强。习近平总书记对内蒙古的发展现状和战略地位高度关注，对内蒙古代表团提出的“四多四少”“三个推进”问题为内蒙古的发展指明了方向。国家西部大开发、东北振兴、京津冀协同发展战略及《呼包鄂榆城市群发展规划》等总体区域发展战略、规划的实施为内蒙古新时代新旧动能转换促进高质量发展提供重要支撑和政策保障。

国际合作优势独特，“一带一路”建设成效显著，中蒙俄经济走廊建设不断推进。内蒙古在“一带一路”、中俄蒙经济走廊建设等国家战略中具备得天独厚的区位优势，可以对新时代对外开放新格局做出重要贡献。目前，中蒙两国已正式启动自由贸易协定联合可行性研究，对内蒙古的高质量发展将形成重大机遇。

创新驱动战略深入实施，创新政策支持不断增强。国家不断出台重大创新政策与产业政策，西部大开发、东北振兴深入推进，重大基础设施、公共资源投入持续增加，为内蒙古加快新旧动能转换、提升发展水平提供有力支撑。改革红利不断释放，“放管服”改革向纵深发展，营商环境有所优化，为内蒙古加快高质量发展营造有利环境。

传统产业稳步发展，产业结构进一步优化，为内蒙古经济平稳健康高质量发展奠定坚实基础。2017 年，工业企业利润率明显上升，第三产业成为拉动内蒙古经济增长的第一动力，产业发展呈现明显的产业结构高端化态势。传统的优势产业如食品加工、电力能源、有色冶金、石油化工等行业保持稳健发展。通过计算产业区位熵可得出内蒙古的优势产业。区位熵大于 1 则表明该产业专业化程度较高，区位熵越高表明产业集聚水平越高，可视为该地区的优势产业。对大类产业的区位熵计算结果显示：内蒙古自治区的采矿业以及电力、热力、燃气及水生产和供应业的区位熵远远高于其他产业，属于内蒙古在全国的优势产业；以住宿和餐饮业为代表的旅游业以及以交通运输、仓储和邮政业为代表的物流业也具有明显优势；此外，大数据、电子信息、生物医药等新兴产业也正在崛起。资源开发主导、多元发展、多极支撑的产业体系既是自治区高质量发展的基石，也成为自治区参与国家跨区域分工与区域竞争的比较优势（表 3–15）。

表3-15　　内蒙古自治区主要产业区位熵

产业	区位熵
采矿业	6.73
电力、热力、燃气及水生产和供应业	4.73
住宿和餐饮业	2.04
交通运输、仓储和邮政业	1.38
制造业	1.25
文化、体育和娱乐业	1.02
批发和零售业	1.02
金融业	0.65

数据来源：中国统计年鉴、内蒙古统计年鉴。

四、内蒙古产业发展的问题与挑战

内蒙古正面临着习近平总书记提出的“四多四少”问题，肩负“三个推进”重大任务，亟须进行新旧发展动能转换。具体而言，内蒙古产业发展面临的问题与挑战主要在于：

经济增速放缓叠加资源环境约束。当前，中国经济运行进入新常态，经济从高速增长转向中高速增长，受宏观经济下行影响，未来一段时期的工业投资增速将放缓。同时，经济发展面临资源环境约束，资源的数量约束和质量约束并存，生态环境恶化和治理污染困难并存，产业发展的资源环境瓶颈越来越明显，高质量稳增长形势严峻。

区外产业同质化竞争激烈，区内盟市间经济联系不紧密。从区域竞争看，内蒙古周边的山西、陕西、甘肃、宁夏、新疆同为能源生产大省，资源禀赋相近，传统优势产业同质化竞争严重。同时，这些省份近年来为推动产业转型升级，也在积极发展战略性新兴产业和现代服务业，大力吸引高端产业要素，同质化竞争日趋激烈。从区内看，由于区内盟市之间的空间距离较大，快速交通网络不健全，以呼和浩特为首的中心城市创新溢出难以辐射带动偏远地区，盟市间经济联系不够紧密，协同发展水平远未达到全区高质量发展的要求。

开放型经济水平较低，内外结构严重失衡。开放型经济与全国平均水平相比差距较大，对外开放依然是自治区经济发展中的短板。国际产能合作的地区结构和产业结构不尽合理，与发达国家间合作较少，投资的层次偏低，国际竞争力薄弱。2017 年全区进出口总额占 GDP 比重只有 5%，远远低于全国平均水平，对经济增长的贡献极小。2018 年 1 ~ 6 月，全区实际利用外资占比不足全国的 2%。全区境外协议总投资仅占全国的千分之六，几乎可以忽略不计。同时，尽管具有对俄、蒙两国的地缘优势，但对俄、蒙进出口贸易分别仅占全国的 4% 和 50 % 左右，沿边区位优势发挥不够。

工业内部结构失衡，产业总体处于产业价值链中低端。全区能源、化工、冶金建材等产业占工业比重已高达 87.2%。能源工业对规上工业增长的贡献率接近 70%，利润和税收分别占工业比重高达 45% 和 53%。全区 112 个各级各类工业园区中，能源重化工类园区占比接近 4 成，工业内部结构失衡问题突出。从产业链价值链看，2017 年全区煤炭转化率不足 40%。主要工业品中，电解铝延伸加工比例仅 50%，稀土原材料深加工比例不足 30%，钢材产品中汽车用钢、家电用钢等中高端产品占比不足 29%，农畜产品深加工率仅 58%。内蒙古产业总体上仍处于产业链、价值链中低端。

创新投入严重不足，创新创业服务薄弱。与建设创新型内蒙古的要求相比，自治区综合创新能力依然薄弱。主要科技创新投入和产出指标均位居全国后位，以 R&D 投入强度为例，在全国排名第 26 位。科技成果转化率低，高端创新人才短缺，缺乏国家级创新平台，基于自主知识产权和核心技术的企业竞争力低，亟须提升产业发展的创新环境，加大创新创业支撑力度，建成创新型内蒙古任重道远。《中国区域科技创新评价报告 2018》显示，内蒙古的区域综合科技创新水平指数在全国除港澳台以外的 31 个省级区域中仅排名第 23 位。《中国城市科技创新发展报告 2018》显示，在全国参与评估的 289 个地级及以上城市中，内蒙古排名最高的呼和浩特也仅居第 26 位。报告同时显示，内蒙古各市创新创业服务是影响创新发展的薄弱环节，以孵化器数量为例，除呼和浩特市以外，其他 8 市均在 100 位以后（表 3–16）。

表3-16　内蒙内9市中国城市科技创新发展指数及重要创新指标排名

城市	科技创新发展指数排名	地方财政科技投入占地方财政支出比重	R&D投入强度	孵化器数量	每万人专利授权量
呼和浩特	26	188	233	49	97
鄂尔多斯	42	105	288	146	93
包头	54	84	289	248	249

续表

城市	科技创新发展指数排名	地方财政科技投入占地方财政支出比重	R&D投入强度	孵化器数量	每万人专利授权量
呼伦贝尔	60	264	287	115	280
乌兰察布	74	221	284	248	227
赤峰	125	198	286	115	144
巴彦淖尔	140	137	282	146	284
通辽	173	275	275	146	240
乌海	236	284	285	248	289

数据来源：首都科技发展战略研究院，《中国城市科技创新发展报告2018》。

创新创业环境和营商环境亟待改善，高层次人才严重短缺。创新创业环境和营商环境亟待改善，迫在眉睫。根据国研经济研究院于2018年6月进行的呼和浩特营商环境调查，呼和浩特各行业的企业在投资、经营等方面的门槛多、手续烦琐，已成为束缚“大众创业、万众创新”的重要桎梏。以“开办企业时，公司完成各项办理事项大概花费的时间”为例，只有16%的企业家勾选“20天以内”，24%的企业家花费“61～80天”，竟有将近30%的企业家表示花费了“81～100天”。“2017年度全国工商联上规模民营企业调查”数据同时显示，融资难融资贵（61家）、用工成本上升（60家）和税费负担重（58家）成为2017年影响内蒙古民营企业100强发展的主要因素。全区亟须进一步深化“放管服”改革、优化创新创业环境和营商环境。

高层次人才短缺已成为制约自治区经济社会发展的“瓶颈”。中共中央组织部2017年发布的《中国人才资源统计报告》显示，在反映人才资源情况的六项主要指标中，内蒙古只有两项指标高于全国平均水平。而每万名劳动力中研发人员32人年/万人，低于全国48.5人年/万人的平均水平；人力资本投入占GDP总量的9.6%，低于全国15.8%的平均水平；人才贡献率23.3%，低于全国33.5%的平均水平。

人才激励保障政策缺乏竞争性，人才外流现象严重。2013 年以来，全区每年考入区外高等院校的学生都在 6 万人左右，但回区内就业创业的不足 1 万人。高新技术学科和新兴学科的人才相对缺乏，高精尖人才严重匮乏。全区高层次创新型人才总量为 0.8 万人，占自治区总人口的 0.18%，而上海占 1.51%。

五、内蒙古发挥核心比较优势、强化主导产业的具体思路

（一）着力提升传统特色产业层次

内蒙古的能源、冶金、化工等重化工业约占工业的 70%，贡献约三分之一的 GDP， 农牧业是保民生、压舱底的产业，农牧业综合生产能力不断跃上新台阶，全区牛奶、羊肉、羊绒产量均居全国首位。这既是当前发展的基础和支撑，也是长远发展的潜力和优势。要深入研究产业发展趋势、国家政策导向和市场需求变化，立足优势，突出主业，集聚资源，有针对性地整合完善产业链，不断提高产品精深加工度和资源综合利用率，打造特色优势产业集群，促使传统产业凤凰涅槃。

1. 电力能源

充分发挥内蒙古资源、区位和产业优势，推动电力能源产业转型升级，持续优化电力结构，深入推进重大能源项目建设，推动高端装备制造业与电力能源产业融合发展，加快发展风电等新能源，推进电力外送新能源产业体系建设，提高能源综合利用效率和供应保障能力，构建安全、绿色、集约、高效的清洁能源供应体系。

持续优化火电。重点建设鄂尔多斯、锡林郭勒和赤峰、呼伦贝尔三大煤电基地。统筹考虑区内电力电量平衡，结合煤电规划建设风险

预警、资源和环境配套支撑等因素，规划建设符合新时期国家能源产业政策的能源密集型产业配套电源项目。积极推进背压式机组等热电联产项目建设，满足北方寒冷地区不断增加的集中供热需求。加强洁净燃煤发电等前沿技术的研发应用，加大火电机组节能改造力度。

大力发展风电。重点实施风电场与电网、电力企业统筹规划，坚持集中输出与就地消化相结合，有序推进大型风电基地建设，全面贯彻落实自治区可再生能源保障性收购指导意见，建设风电供暖工程。以区域大型电网为支撑，重点推动可再生能源发电工程，建设“能源互联网示范项目”，实现“源—网—荷—储”协调互动，提高区域内可再生能源就地消纳比例。根据地区消纳和接入情况积极开展分散式风电项目，与风电大基地“两条腿走路”。

推动高端装备制造业与电力能源产业融合发展。重点完善能源电力装备专业化分工协作配套能力，重点发展光伏发电装备、输变电装备、风电装备等装备制造业，做大做强风电、光电和输变电设备生产企业。积极引进节能汽车、新能源汽车与零部件生产以及电动汽车充电设备制造产业，建设电力装备制造产业集群，构建完整产业链条。

培育智能电网及新能源服务业。重点在智能电网储能技术与产业发展上取得突破，大力扶持电力电子元器件制造产业，强化在智能配电网装备多个细分领域保持着国际国内领先水平和较高的市场占有率。推广分布式发电技术主要是天然气热电联产技术。依托新能源产业发展，起步培育研发设计服务、总集成总承包服务、技术及专业服务、投融资服务等新能源服务业。

2. 现代化工

结合产业发展趋势和内蒙古化工产业发展的资源禀赋与产业基础，未来内蒙古现代化工产业应以煤化工、氯碱化工、硅化工和氟化工、精细化工为重点，加快推动重点企业扩能提质，促进新型化工与装备制造、轻工、纺织、建材、新材料等产业融合发展，推动新型化工产业一体化、集群化、循环化、安全化发展，建设世界领先的国家级新型化工基地。

推动炼化行业转型升级。重点按照整体协调发展、打造完整产业链的原则，坚持大型化、基地化、园区化建设方向，围绕实施油品升级计划，进一步推进炼油技改，提高产品附加值，巩固提高市场份额，不断持续提升炼化企业竞争力。加大炼化上下游企业资源整合协调力度，推动现代化工产业一体化、集群化发展，与“一带一路”沿线国家开展国际合作，加快推动行业转型升级，不断提升产业国际竞争力。

加强化工核心技术和专项技术的创新力度。抓住国家培育发展战略性新兴产业以及产业结构优化升级的机遇，发挥科技的引领和支撑作用，瞄准国际新技术、新工艺，争取在节水、节能和生产工艺等方面取得重大技术突破。加速开发提高燃油经济性和油品质量的重大炼油工艺技术，加快发展功能性化学品和专用化学品。此外，着力促进石化工程设计、装备制造与技术工艺协同配套，加速形成以自主创新为主的成套核心技术和关键技术，提升内蒙古石化工业国际竞争力。

加快新型化工材料研发与产品提质升级。围绕汽车、新一代信息技术、航空航天、轨道交通、节能环保和大健康等重点领域，推动碳纤维、电子化学品、膜材料研发与产品升级，推动轻量化非金属材料、工程塑料、碳纤维复合材料研发与生产。

3. 绿色食品

内蒙古围绕伊利、蒙牛、圣牧高科、蒙羊等龙头企业，已形成了完整的特色鲜明的产业链和产业集群。其中，伊利、蒙牛两家企业销售收入占全国乳制品行业总收入的1/3，在全国具有较强的竞争力。

面向未来，内蒙古应继续做大做强绿色食品产业，着力顺应全球和中国奶肉食品消费需求，强化品牌建设，扶持伊利、蒙牛、圣牧高科等成为国际国内顶尖乳品企业，打造全国重要的绿色食品加工产业基地。

打造“世界乳业之都”。发挥呼和浩特“中国乳都”的引领作用，提升乳业领先地位和国际竞争力。重点依托国家级乳制品新型工业化产业示范基地，发挥龙头企业带动作用，推进牧场标准化建设与优质牧草规模化种植，形成精密的农企利益联结机制。大力调整乳业产品结构，加快高品质功能性乳粉研发，丰富乳制品种类，顺应消费升级需求，不断拓展延伸产品链。加大乳业装备制造研发投入，发展乳业自动化控制系统、高档装备与基础制造装备、关键基础元器件及通用部件、智能专用装备等领域，加快“智能乳业”发展。支持乳品企业跨区域并购，在国内外有奶源优势的地区加大产能布局和研发合作，形成研发设计、生产制造、供应协作、营销服务等乳业制造业全产业链发展格局，打造“世界乳业之都”。

提升肉类加工产业竞争力。重点立足内蒙古牛羊肉资源优势，大力发展肉羊分割、低温保鲜肉、风干牛羊肉等产品。加大对蒙羊等农牧业产业化龙头企业的支持力度，积极培育 3 ~ 5 家具有国内影响力的牛、羊、生猪、禽、兔等肉类加工企业，扩大肉类食品精细化分割和深加工产品比重，满足细分市场需求，增强企业核心竞争力，提高草原绿色品牌影响力。

推动信息技术、大数据与绿色食品产业融合发展。重点以乳业、肉类加工为重点，发展基于互联网的个性化定制、众包设计、云制造等新型制造模式。加快食品加工物联网技术研发和应用产业发展，培育智能监测、远程诊断管理、全产业链追溯等产业互联网新应用。支持食品加工大数据发展，鼓励龙头企业建立和完善食品加工大数据实验室等科技创新平台，推动产业软件与服务、设计与制造资源、关键技术与标准的开放共享，建立基于物联网的生鲜冷链配送体系，形成优质基地建设、科技研发、生产加工、营销服务一体化产业基地。

加快绿色食品产业“走出去”步伐。重点围绕乳产品、肉类加工产业，加快“走出去”步伐，以“一带一路”沿线国家和俄罗斯、蒙古等国家为主要市场，通过构建乳业发展共同体等各种方式扩大原奶的供应能力，融入当地乳制品市场，通过建设国际乳业交易平台、参与乳品标准体系、乳品装备制造体系制定等方式，提升在国际乳业市场的影响力。发挥内蒙古通往西北亚、中亚和俄罗斯、蒙古等畜牧业发达国家和地区陆路通行节点的区位优势，谋划建立肉类进出口加工类陆港和保税区，发展面向国际市场的肉类物流、加工、存储产业。

（二）着力壮大战略性新兴产业规模

认真实施自治区战略性新兴产业发展规划，紧盯新能源、新材料、节能环保、高端装备、大数据云计算、生物科技、蒙中医药等潜在优势领域，瞄准集群化、高端化发展方向，定向施策、精心培育，使新兴产业尽快成长为经济发展的新引擎，依托新兴产业扩总量、提质量、调结构、促转型。

1. 生物医药

结合自治区产业基础和条件，着眼重大公共卫生安全和重大疫病防治，支持生物科技企业创新平台建设，推动生物制药产业高端化升级。围绕生物发酵、生物兽药、生物肥料、生物饲料等重点领域，打造特色生物制造产业链。大力支持蒙中医药技术创新，提升蒙中医药新产品研发能力，扩大蒙医药市场占有率，建设世界蒙医药中心。拓展生物医药服务，把生物医药产业建成产业链完善、创新能力强、特色鲜明的产业增长新引擎。

推动生物制药产业高端化。着力提升基因工程药物、化学医药、新型疫苗、诊断试剂等生物医药产品的研发和生产能力，加快推进生物医药产业从原料药、医药中间体到半成品、成品药的完整医药产业链转型升级。发展生物疫苗、生物消毒、中蒙药、生命干细胞、创新药品等行业，实现制药产业系列产品生产一体化的产业格局，全力打造世界一流动物疫苗生产基地、西部地区领先的干细胞产业基地。培育集蒙中药材种植、加工于一体的特色产业链，打造国家级蒙药研发基地和现代化蒙中医药生产基地，建设世界蒙医药中心。

拓展生物医药服务。发挥龙头骨干企业的带动作用，积极参与中国生物医药领域的产品质量标准、生产过程标准和管理过程标准制定。围绕标准开发和制定，发挥自治区生物资源、生物产业和生物技术优势，加强技术创新，提升药物研发服务、产品质量检验检测服务等水平，积极建设生物技术药物发现、评价、检测、安全监测等公共技术平台，发展药物安全性评价、临床试验等创新药物研发服务，延伸产业链条，打造特色生物医药产业链。

2. 新材料

新材料产业在内蒙古自治区战略性新兴产业中占比最高，高达约40%。新材料是中国参与全球科技产业竞争、夺取高技术产业制高点的关键所在。目前，新材料产业中被公认的十大未来最具潜力的材料包括石墨烯、碳纤维、轻型合金、碳纳米管、超导材料、半导体材料、功能薄膜、智能材料、生物材料、特种玻璃。重点发展稀土功能材料、石墨（烯）新材料、硅材料、高分子材料、先进复合材料，着力打造国家稀土功能材料应用产业基地，建设国家重要的石墨（烯）研发生产基地和光伏材料产业基地，构建以创新型企业为主体、产学研紧密协作的新材料产业体系。

积极发展稀土功能材料。包头的稀土材料在全国具有明显优势，依托包头稀土研究院等科技创新平台，实施“稀土 +”战略，推动稀土新材料向高端方向发展，发展稀土功能性材料产业。扩大稀土永磁材料、储氢材料等高端产品生产规模，打造稀土磁性材料、稀土储氢材料、稀土发光材料、稀土催化新材料、稀土有色金属新材料及其应用等五大产业集群，推进稀土新材料在信息、新能源、节能、环保、医疗等领域的应用，建设国家稀土功能材料应用产业基地。

优化提升光伏材料。内蒙古光伏材料产业已初步形成包含单晶硅、多晶硅、电池片、发电组件、光伏电站、光伏配套等全产业链的产业集群。应围绕国家级光伏材料新型工业化产业示范基地建设，依托中环光伏、神舟硅业等龙头企业，加快发展高效、低成本、节能环保型硅材料，改造提升多晶、单晶及硅片等上游产业生产技术装备，积极推动光伏配套产业发展，提高光伏全产业链发展能力。积极响应国家“一带一路”倡议，加快国际产能和应用合作进程，不断增强产业的全球话语权，提升产业全球竞争优势。

培育发展石墨烯等前沿新材料。以石墨烯新材料和第三代半导体材料等前沿新材料，打造国家前沿材料研发与应用基地。充分发挥石墨（烯）新材料产学研用创新联盟和产业基金引导作用，提高石墨资源开发利用水平，依托内蒙古资源禀赋优势，打造国家级石墨（烯）新材料示范基地，建设全国领先的石墨新材料创新发展引领区、产业发展先导区和应用示范先行区。抓住第三代半导体材料起步发展的契机，发展大尺寸碳化硅单晶等材料，积极引入氮化镓等第三代半导体材料生产企业，为 5G、智能电网、轨道交通、航空装备等产业高端化发展提供支撑。

3. 大数据

以建设国家大数据综合试验区为契机，充分发挥自然条件、水电保障等优势，以大储存、多平台、全产业为目标，构建以数据为关键要素的数字经济，让大数据产业成为自治区经济转型新支撑。

加强大数据云计算基础设施建设。加快构建高速、移动、安全、泛在的新一代信息基础设施，提升网络带宽，加快部署物联网基础设施，为提升大数据应用水平提供支撑。利用气候、能源和区位优势，以呼和浩特市为中心，东中西科学合理布局大型云计算中心，打造国家云计算产业基地。

推动大数据应用重点突破。加快大数据资源发掘汇集，扩大数据开放共享，健全安全保障体系，打造中国北方大数据中心，建设世界级大数据产业基地。加快推进政府部门开放公共数据资源，通过大数据的政用、商用、民用，激活政府数据资产。发展大数据在工业、矿业、农牧业、交通物流、创业创新等领域的应用，打造能源、乳业、农牧业、稀土产业、旅游等特色产业大数据平台。培育发展工业大数据应用产业，积极开展制造业和服务业大数据应用示范，推进建设内蒙古工业云平台、航天云网、物流大数据平台等项目，推动制造业与服务业的智慧化。

积极布局大数据技术前沿领域。重点围绕新一轮信息技术革命发展的前沿，在人工智能、5G 通信、物联网、区块链等领域积极布局，提升大数据产业发展的核心竞争力。积极发展物联网芯片、智能网关、传感器等物联网硬件产品和嵌入式软件、智能传感器管理软件等物联网软件产品，提升大数据采集分析能力。推动大数据与人工智能、物联网、云计算、虚拟现实等产业的融合创新，催生新技术、新产品、新业态、新模式。

（三）着力打造现代服务业领域支柱产业

把打造现代服务业领域支柱产业作为主攻方向，突出商贸物流、文化旅游、科技服务等产业的战略地位，科学规划、合理布局、全域联动，像培育工业支柱那样培育服务业支柱，对区域经济社会发展形成重大牵引和带动。

1. 现代物流

以促进经济转型升级和服务民生需求为目标，坚持“创新驱动、产业互动、统筹发展、重点突破”基本原则，优化区域物流功能布局、培育高端物流、延伸产业链条，建设功能协调、运行顺畅、高效集约的现代物流体系。

拓展物流领域，提升增值能力。重点拓展大宗商品与制造业物流领域。依托区内煤炭、农畜产品等大宗商品和具有竞争力的制造业构建一体化运作的供应链管理服务体系。积极提升供应链管理水平，不断降低制造业物流成本，适应制造业高端化发展趋势。鼓励企业应用现代物流管理技术，适应电子商务和连锁经营发展的需要，大力发展面向流通企业和消费者的社会化物流。积极发展口岸物流与转口物流、仓储业务。充分发挥呼和浩特等城市的区位优势和物流服务业集聚优势，构建紧密联通沿海港口和沿边口岸、服务内陆腹地的综合物流体系，打造辐射俄蒙及欧洲的国际性陆运物流基地。

培育物流品牌，壮大第三方物流。大力支持本土物流企业兼并重组、转型升级，重点培育一批服务水平高、核心竞争力强的大型现代物流企业。推动物流业“引进来”和“走出去”，鼓励国内外大型物流企业在产业园区设立区域总部，开展综合物流服务。引导现有物流产业园区拓宽发展空间，积极开拓跨区域物流业务。鼓励货代物流发展，为物流企业开拓国内国际市场提供支撑。

构建多层次信息服务平台，提升物流现代化水平。重点深入实施“互联网 +”高效物流行动，构建多层次物流信息服务平台，发展经营范围广、辐射能力强的综合信息平台、公共数据平台和信息交易平台。运用市场化方式，提升商贸物流园区、仓储配送中心、末端配送站点信息化、智能化水平。推广应用物联网、云计算、大数据、人工智能、机器人、无线射频识别等先进技术，提高供应链精益化管理水平。顺应流通全渠道变革和平台经济发展趋势，探索发展与生产制造、商贸流通、信贷金融等产业协调联动的智慧物流生态体系。

2. 文化旅游

遵循全域旅游和全季旅游发展原则，整合都市旅游、乡村旅游、文化旅游三大资源体系，立足“商、养、学、闲、情、奇”六大旅游发展要素，加强文化、休闲、养生、度假、运动等特种旅游和专项旅游产品的开发培育，构建“旅游 + 重点领域”融合发展机制，打造集草原文化度假、都市休闲、生态观光、民俗体验、户外运动、避暑养生、集散商贸等多元功能于一体的世界知名的草原文化休闲目的地。

以文旅融合完善旅游产品体系，培育文化创意产业集群。重点依托草原、黄河、边塞、红色、北魏、茶商等文化资源，结合影视、动漫、艺术等创意文化产业，依托现有园区和产业基础，按照商业化、生活化、品牌化、标准化的开发策划理念，实施文化创意产业行动。重点培育文化创意旅游产业，鼓励开发或引进具有蒙元民族特色的文化旅游演艺产品，发展富有民族特色的文化体验消费。大力开发名特优产品和民族手工艺品、民族服饰、蒙医蒙药产品、绿色有机食品等具有民族文化的旅游商品，打造旅游商品研发生产基地和旅游商品集散中心。

升级传统工业旅游，推进智慧旅游建设。依托伊利、蒙牛等现代化生产基地，集中升级打造集牧场观光、创新研发、乳业文化展示、现代化工厂参观、影视动漫制作、草原体育运动和休闲娱乐于一体的乳业特色小镇和生态文化观光体验、休闲度假区，依托蒙牛、蒙草、蒙树等企业，增加旅游体验、科普教育、旅游购物等功能，打造商务、科普研学旅游产品。构建集旅游信息、咨询、服务、营销、调度、行业执法和管理于一体的综合服务系统，全面启动智慧旅游建设工程，打造智慧旅游城市。

打造田园综合体，升级乡村旅游。立足乡村振兴战略与精准扶贫方略，通过构建特色农产品及绿色食品生产加工与乡村旅游有机融合的“旅游＋农业＋文化”发展机制，升级打造跨产业、跨功能的集现代农业、休闲农业、田园生活于一体的田园综合体。借助产业化的主题庄园模式、创意化的休闲聚落模式以及高端化的度假乡居模式，充分激活旅游和文化产业在推动区域均衡发展、促进产城融合、提升产业整体竞争力中的巨大潜力。

3. 科技服务

结合大众创业、万众创新的要求，发展科技服务业，努力形成覆盖创新创业全链条的科技服务体系，培育一批拥有知名品牌的科技服务机构和龙头企业，形成一批新型科技服务业态，促进自治区科技与经济深度融合，推动经济提质增效升级。

发展新型孵化器，拓展孵化服务业。重点引进一批专业化、市场化、品牌化的国际知名双创服务机构。顺应网络时代大众创新创业的特点及需求，支持众创空间等新型孵化器发展，通过市场化机制、专业化服务和资本化途径构建低成本、便利化的开放式新型创新创业服务平台，通过创新与创业相结合、线上与线下相结合、孵化与投资相结合，积极推进生产要素融合，为互联网时代大众创新创业提供全方位的增值服务。

大力发展科技金融服务业。重点以创新型项目为核心和纽带，聚集天使投资人、风险投资机构等，发展科技银行、科技小额贷款公司、科技融资担保公司等科技金融专营机构，为创新创业企业提供投融资服务，促进创新创业成果的市场化推广和应用。

培育新型研发服务业。在大数据、医药健康等重点产业领域，建设新型研发服务平台和中试基地，通过前沿技术研发、测试验证和演示体验功能为相关产业提供研发服务。支持国内外顶尖科学家和顶尖机构设立以市场化机制为导向，贯穿基础研究、技术创新、应用开发和产业化全链条的新型研发平台。

专题四

内蒙古加快能源经济发展的思路与建议

全球正在步入以技术创新为导向的能源变革时代，能源供给和消费模式都在发生改变。我国是能源生产和消费大国，身处变革之中。同时，国内经济由高速增长转变为中速发展，能源消费升级步伐加快。国际国内能源新趋势下对煤炭行业的影响最为显著，但也为太阳能、风能等新兴清洁能源发展带来机遇。关于我国能源未来发展，习近平总书记提出，要“积极推动我国能源生产和消费革命”。

内蒙古是我国煤炭主产区、陆域非常规天然气富集区、煤电大区，在常规油气资源领域也有较大的开发潜力。全区风能发电、太阳能发电发展迅速。内蒙古自治区正在面临全球能源结构优化进程不断加快所带来的挑战，同时内部的能源结构性难题也越来越突出。例如，自治区虽为能源主产地，但却非主消费地，产出的能源目前以外送为主。这种产消分离的格局对能源利用造成了较大制约。外部环境带来的挑战与区内能源发展面临的问题相互交织，要求内蒙古自治区转变能源发展观，加快建设现代能源经济体系。

一、内蒙古发展现代能源经济拥有得天独厚的资源优势

（一）化石能源储量丰富

内蒙古自治区是我国的化石能源生产大省。内蒙古自治区原煤产量居全国第一位，占全国煤炭总产量的比重为 25.74%。天然气产量 299.5 亿立方米，居全国第二位，占全国总产量的比重为 20.14%，占全国总消费量的比重为 12.62%，已成为我国“西气东输”的主要气源地，总产量中的 97% 以上由鄂尔多斯市产出；原油产量 124.8 万吨，居全国第 12 位。高产量主要源于丰富的储量。截至目前，全区已探明矿种多达 144 种，全国占比为 88.89%。

煤炭资源极为富集，深加工走在了全国前列。全区累计探明和预测煤炭资源量 9120.32 亿吨。探明储量 4205 亿吨，仅次于新疆维吾尔自治区的 4461 亿吨，全国占比为 25.23%。全区已探明和预测含煤盆地共有 49 个，虽然资源埋藏的区域范围广，但主要集中分布在鄂尔多斯市、锡林郭勒盟和呼伦贝尔市。依托丰富的煤炭资源，内蒙古自治区的煤制燃料也走在了全国前列。截至目前，全区已建成煤制油产能 124 万吨，煤制气产能 17.3 亿立方米，分别占全国的 15.5% 和 33.9%。其中，煤制油产量 102.7 万吨，煤制气产量 14.4 亿立方米，分别占全国的 28.5% 和 55.4%。

常规油气资源量相对丰富，拥有较大潜力。我国超过 80% 的石油资源集中在 6 大盆地，超过 80% 的天然气资源集中在 3 大盆地和海域。8 个油气盆地中仅有 2 个同时蕴藏有石油和天然气，分别是塔里木盆地和鄂尔多斯盆地。过去 5 年左右的时间内，我国累计探明亿吨级油田 10 个，其中有 9 个在鄂尔多斯盆地。鄂尔多斯盆地跨越 5 省，

蕴藏了我国 20% 的石油资源和 25% 的天然气资源，在内蒙古自治区辖区内的主要分布地是鄂尔多斯市。鄂尔多斯市杭锦旗的北部已发现 20 多处油气田，乌审旗境内的苏里格气田是目前我国产气量最大的气田。此外，在鄂尔多斯市鄂托克旗境内已探明油气储量 11 亿立方米，在乌审旗南部也发现了油气田。目前，全区已发现的含油气盆地共有 12 个。内蒙古自治区未来的油气开采前景较好，石油资源量预测为数十亿吨，天然气剩余技术可采储量为 9630 亿立方米。

非常规油气能源条件优越，种类多样。煤层气资源量可观。我国共有 14 个含煤层气大于 5000 亿立方米的盆地（群），在内蒙古境内分布有鄂尔多斯、二连、海拉尔 3 个。全区煤层气总资源量的预测值接近 10 亿立方米，全国占比为 25%。致密气资源同样丰富。仅鄂尔多斯境内苏里格气田的探明地质储量就高达 1.1 万亿立方米，全国占比为 14.7%。据预测，鄂尔多斯盆地内蒙古境内的苏里格气田、大牛气田和乌审气田的致密气合计储量应在 2.5 万亿立方米以上。页岩气和油页岩资源储量高。全区页岩气地质条件较好的有境内的鄂尔多斯盆地、准格尔盆地和松辽盆地，页岩气资源潜力约 30 万亿立方米；内蒙古自治区东部分布有丰富的油页岩资源，预测资源储量 3991.61 亿吨，折合页岩油 227.97 亿吨。

（二）太阳能、风能条件全国领先

太阳能和风能是全球发展速度最快的能源，内蒙古自治区同样占得先机。目前，全球一次能源消费量的同比增速仅为 2.2%，全球煤炭消费量的同比增速仅为 1%。太阳能和风能在全球能源消费结构中的比重仍然很低，但增速遥遥领先。过去一年，全球太阳能发电和风力发电累计装机容量的同比增速分别高达 29% 和 10.1%，新增装机容量合计超过 150 吉瓦；水电新增装机容量为 21.9 吉瓦；核电新增装机容量略降；煤电装机有增有退，当前净增量有限。因此可以判断，目前，全球已经有超过 75% 的新增装机容量来自于太阳能和风力发电。太阳能和风力发电一年的新增装机容量比燃煤、天然气和核电新增装机容量之和还多。2018 年，我国太阳能和风力发电累计装机容量的同比增速分别为 68.7% 和 11.7%，均高于世界平均水平。太阳能发电量首超 1000 亿千瓦时，达到 1182 亿千瓦时以上，同比增速超过 70%；风力发电量为 270.9 亿千瓦时，同比增长 25.7%。当年，我国发电量同比增速仅为 5.9%，煤炭发电量同比增速仅为 5.1%。

全区日照条件非常好，太阳能资源仅次于西藏自治区，居全国第二位。全区一年的太阳能辐射量为 1331 ~ 1722 千瓦时 / 平方米，年日照时数为 2600 ~ 3400 小时。我国日照条件最好地区的年平均日照时数在 3000 小时以上，即平均每天日照时间近 10 个小时。内蒙古自治区的阿拉善盟额济纳旗、巴彦淖尔市乌拉特后旗海力素的年均日照时数分别达到了 3452.2 小时和 3401.8 小时，锡林浩特、呼和浩特的年平均日照时数也普遍在 3000 小时以上。浙江省也是我国太阳能发电增长较快的省份，目前全省分布式太阳能累计装机容量居全国第一位，但全年太阳能辐射量仅为 1163 ~ 1393 千瓦时 / 平方米，年日照时数为 1400 ~ 2200 小时，平均煤炭日照时间仅为 3.1 ~ 3.8 小时。

内蒙古自治区是我国的次大风能资源区，是最大的连片风能资源区。我国的最大风能资源区位于东南沿海及其岛屿所在区域，拥有全国最好的风能条件。该地区风能密度在 300 瓦 / 平方米以上，有效风力出现时间百分率达 80 ~ 90%，大于、等于 8 米 / 秒风速的全年出现时间约 7000 ~ 8000 小时，大于、等于 6 米 / 秒的风速也有 4000 小时左右。次大风能资源区的风能条件紧随其后，主要包括内蒙古和甘肃北部。该地区终年在西风带控制之下，风能密度为 200 ~ 300 瓦 / 平方米，有效风力出现时间百分率为 70% 左右，大于、等于 3 米 / 秒的风速全年有 5000 小时以上，大于、等于 6 米 / 秒的风速在 2000 小时以上。这一地区的风能密度虽较东南沿海为小，但其分布范围较广，是我国连成一片的最大风能资源区。内蒙古自治区的陆地风能资源技术可开发量 14.6 亿千瓦，全国占比超过 50%。

（三）发电量充足且电源结构多样

电力是全球能源产业发展的重点。目前，全球一次能源消费有 40% 用于发电。2018 年，全球发电量同比增速为 2.8%，比全球一次能源消费同比增速高了 0.6 个百分点。分析电源结构，煤电依然是最大的电力来源，在全球发电总量中所占的比重为 38.05%。2018 年，我国 53.4% 的煤炭用于发电，超过 14% 的天然气用于发电，全国发电量同比增速达到 6.0%，比一次能源消费同比增速高了 3.2 个百分点。其中，煤电发电量占发电总量的比重为 77.5%。太阳能和风力发电虽然在全球电源结构中的比重并不大，但 2018 年的同比增速分别高达 35% 和 17%。

内蒙古自治区形成了煤电与新能源发电同步发展的格局，外送能力强。目前，内蒙古自治区电力装机容量达到 1.18 亿千瓦，仅次于山东省，位居全国第二位。其中，火电装机容量 8170 万千瓦，位居全国第三位；风电装机容量 2669 万千瓦，位居全国第一位；太阳能发电装机容量 740 万千瓦，位居全国第九位。全区 6000 千瓦及以上发电厂累计完成发电量 4422.3 亿千瓦时，同比增长 12.01%。其中，火电 3735.94 亿千瓦时，同比增长 10.74%；风电 550.82 亿千瓦时，同比增长 18.7%；太阳能 112.44 亿千瓦时，同比增长 35.49%。内蒙古自治区是我国名副其实的电力外送大省，接近35%的发电量输出。2018年，全区累计外送电量1546.19亿千瓦时，同比增长13.92%。外送电量1546亿千瓦时，占全国跨省送电量的13.7%，位居全国第一。

二、内蒙古现代能源经济需要转换路径

（一）全区能源经济较快成长主要得益于煤炭产量快速增长，具有基于资源禀赋的速度效益型特征

内蒙古自治区是因煤而富的典型区域。在内蒙古自治区丰富的资源种类中，煤炭的资源禀赋优势最为突出。根据最新数据，全区煤炭探明资源量为4205亿吨，仅比新疆维吾尔自治区少256亿吨，比煤炭探明资源量居全国第3位的山西省整整多了约1500亿吨。内蒙古自治区与煤炭资源最丰富的新疆维吾尔自治区相比拥有较好的煤炭外运条件，与运输更便捷的山西省相比拥有更好的煤炭开采条件。因此，自治区的煤炭产业虽然资源量少于新疆，起步晚于山西，但却在短短的“煤炭黄金十年”期内实现了煤炭产量的快速增长，并超过山西省成为我国煤炭产量最高的省。全区的煤炭产量在2002年突破亿吨大关，在2010年超过7亿吨，在2012年超过10亿吨。内蒙古自治区也因此成为典型的因煤而富的区域。在此期间，煤炭在内蒙古自治区能源生产和消费结构中的占比均超过了90%，比全国平均水平高出约30个百分点。2012年，全区煤炭开采和洗选业总产值占全部工业总产值的比重为21.8%，全区GDP自2001年以来的年均增速高达22.63%，人均GDP在2012年突破1万美元。2002 ~ 2012年，全区发电量年均增速超过20%，火电占比约为90%。

综上所述，内蒙古自治区能源产业的发展属于典型的以煤为主的

规模效益型。在我国经济增长以投资拉动和数量扩张为主的规模效益阶段，依托煤炭资源禀赋优势快速形成煤炭产业的大规模供应能力，沿煤炭产业链重点发展煤电、煤化、煤炭物流等与煤相关工业，较快形成以煤炭为主的传统能源经济体系。能源的主体是以煤为主的传统能源，体系的特征体现了投资拉动、规模效益的传统特征。

（二）以煤为主的能源经济在消费趋缓的大环境下难再依托规模保效益

自 2013 年开始，我国经济由高速增长转变为中速发展，煤炭市场的供需格局也由供不应求转变为总量宽松。市场特征分为三个阶段。

阶段一：在 2013 ～ 2015 年间，煤炭市场出现了较为严重的产能过剩。全国煤炭产量在 2013 年的同比增速仅为 0.8%，在 2014 年和 2015 年更是连续负增长，同比增速分别为 –2.5% 和 –3.5%。2015 年，我国大中型煤炭企业的亏损面超过 90%，大量小企业退出市场。

阶段二：2016 年至今，在市场调节和国家加大“去产能”行政调控力度和大气污染防治力度的多重政策措施作用下，我国煤炭市场逐步止跌、回升并趋稳。局部地区在局部时间甚至重现“买煤难”，但煤炭消费已经明显趋缓。2016 年，全国煤炭消费量同比增速为 –4.7%，产量同比增速为 –9.4%；2017 年，煤炭消费量同比增速为 0.4%，产量同比增速为 3.2%；2018 年 1 ～ 9 月份，煤炭消费量同比增速约为 3%，产量同比增速为 5.1%。由于 2016 年煤炭产量降幅较大，当年煤炭价格较快回升，全年涨幅约为 60%。2017 年至今，煤炭市场没有出现过度涨跌，尤其是电煤价格，波动幅度非常小。2016 年和 2017 年，煤炭开采和洗选业利润总额累计同比增速分别为 223.6% 和 290.5%。2018 年 1 ～ 9 月份，煤炭开采和洗选业的利润总额累计同比增速为

14.5%，依然保持了两位数的盈利增速。

阶段三：当前，煤炭产量增速略有提升，企业利润却在下滑。连续 2 年的利润高速增长带动了煤炭供应量的提升，提升幅度明显。2018 年 1 ~ 8 月份，全国煤炭产量累计同比增速为 3.6%，1 ~ 9 月份就提升到了 5.1%。1 ~ 10 月份，全国煤炭产量同比增速达到了 5.4%。5.4% 的同比增速与 2017 年 9 ~ 10 月份的增长水平基本相当，但 2017 年的增长是在 2016 年较低基数的基础上取得的，目前的增长幅度实际更大。供应量的增幅比需求量增幅高了约 2 个百分点，市场供需结构趋于宽松。1 ~ 10 月份，煤炭开采和洗选业的利润总额累计同比增速为 10.7%，与 1 ~ 9 月份相比下降 3.8 个百分点，与 1 ~ 2 月份相比下降 8.9 个百分点。

总结：内蒙古自治区的煤炭产业规模依然很大，但效益已明显降低。与全国经济增速下行趋势相比，煤炭市场的下行幅度更大。目前，全国煤炭产量增速低于 6%，与“十一五”末期相比仅为低增长水平。全国煤炭市场的供应能力有一定弹性，其中包括在产产能的释放、改扩建产能的提升和进口煤的调剂。相反，需求提升的空间十分有限。因此，短缺仅出现在局部地区的部分时段，煤炭市场整体供需结构是宽松的。当前的煤炭价格明显高于本轮下行周期的谷底价格，但与历史最高阶段相比仅为中游水平。一旦煤炭供应增速偏高，企业盈利水平也会很快下降。以煤炭产业为支柱的三个产煤大省受到的冲击较大，内蒙古自治区是其中之一。全区煤炭产量依然保持了全国第一的规模，但规模效益已经显著下滑。2018 年 1 ~ 8 月，全区煤炭工业增加值为 30.1%，与 2017 年同期相比增加了 6.2 个百分点，与 2012 年相比基本持平。但煤炭对工业增加值的贡献却从 2017 年 1 ~ 8 月的 26.1% 降至 21.2%，与 2012 年相比降幅更大。

（三）传统的资源禀赋优势正被新兴清洁能源技术的快速发展所弱化

能源的资源禀赋优势长期主导着世界能源格局。所谓能源的资源禀赋优势是指一国或地区拥有可以转化为能源的自然资源以及相应的供应能力，并基于此而建立起来的全球竞争优势。常规和非常规化石能源的开发和利用就具有非常典型的资源禀赋特征。化石能源的共同特点是分布不均衡、深埋地下且不可再生。任何国家或地区想要开发利用，必须首先具备资源条件。因此，在长达300年的化石能源时代，世界能源大国均是资源丰富的国家，根据本国的资源条件逐步积累形成了能源技术优势和配套设施优势，进而构成了该国的能源资源禀赋优势。美国的非常规油气技术突破是在本国拥有一定的油气资源禀赋优势基础上取得的，同时也因为让地下丰富的非常油气资源具有可利用价值而增强了本国的油气资源禀赋优势。

近年来，新兴的清洁能源技术开始崛起，突破了载体的资源禀赋限制。这类清洁能源技术可分为两个方向：方向一，不受资源禀赋限制的天然可再生资源发电，主要是指太阳能发电和风能发电。太阳能和风能是无处不在的天然可再生资源，取之不尽，且随取随用。对不同地区而言，太阳能和风能只有光照条件和风力条件的差别，没有禀赋限制。太阳能发电和风能发电在百年的发展史中日趋成熟，已进入寻常百姓家。方向二，不以自然资源为载体的电力技术，例如氢燃料电池和锂电池储能等[①]。这些技术完全脱离了自然资源载体，而是以广泛存在的氢以及普通的锂合金等非自然资源作为载体，可以在任何具备条件的地方建储能电池加工厂。因此，新兴的清洁能源技术不同于水力、天然气等传统的清洁能源技术，其开发利用可以不受资源禀

① 从市场成熟度分析，本报告没有将核能发电列为新兴的清洁能源。

赋限制。这一特点是与以自然资源为载体的能源矿区、工厂必须建立在资源所在地完全不同的。

新兴清洁能源正在逐步弱化能源的资源禀赋优势。新兴清洁能源主要是指用于发电的太阳能、风能等可再生能源。2017 年，全球太阳能和风能对电源增量的贡献已经超过了煤电。综合多方数据：2017 年全球太阳能和风能发电新增装机容量合计超过 150 吉瓦；水电新增装机容量为 21.9 吉瓦；核电新增装机容量略降；煤电装机有增有退，当前净增量有限。因此可以判断，2017 年，全球已经有超过 75% 的新增装机容量来自于太阳能和风能发电。储能技术尽管还不成熟，但已经被全球公认为未来能源技术创新的关键突破口，与太阳能发电、风能发电等清洁能源技术相配合，有可能对能源格局产生深远影响。多家世界权威机构对新兴清洁能源增速统计和趋势预测的主要结论是：目前，以太阳能和风能发电为代表的新兴清洁能源已经成为所有能源中增速最快的一类能源。在 2050 年之前，太阳能和风能将成为世界电力的重要来源，合计发电量的全球占比将接近 50%。在 2017 ~ 2050 年间，全球发电用煤的消费量将大幅下降 56%。其中，太阳能发电量的全球占比有可能最高。在此期间，全球储能市场也将扩展至数万亿美元。

世界很多国家都在加大对新兴清洁能源开发利用的投入。例如美国，新一届政府侧重于鼓励化石能源发展，但新兴清洁能源投资依然较快增长。根据美国能源情报署（EIA）数据：2017 年，美国增加 28.5 吉瓦发电能力，退出 11.8 吉瓦化石能源发电设施。16.7 吉瓦的净增发电能力中，有 94.7% 为可再生能源新增发电能力。2016 年，美国太阳能发电行业雇用了 37.38 万名从业者，比化石能源发电多出约

20 万人[①]。

2050年

✧ 2050年前，风能和太阳能将成为世界电力的重要来源，合计发电量全球占比可能接近50%。
✧ 太阳能将成为全球最大的电力来源，装机容量的全球占比有可能达到27%。
✧ 全球储能市场将达到数万亿美元。
✧ 氢能源需求将是目前的10倍，氢能源消费量的全球占比将达到20%左右。

2040年

✧ 2040年后，非化石能源供应量将超过化石能源，是一次能源主要来源。
✧ 全球能源消费总量的1/4将由电力供应，全球新增发电容量的1/2以上来自于可再生能源，可再生能源发电量的全球占比将达1/3。
✧ 欧洲50%～70%的电力来自于可再生能源。

2030年

✧ 2030年，全球电池市场将会是现在的10～35倍。

2028年

✧ 2018～2028年，全球锂电池产能将增加399%，2028年的产能将达1102.5吉瓦时。

2023年

✧ 2023年，全球储能市场将从2018年的19.8亿美元增长至85.4亿美元，复合年增长率33.9%。

2017年

✧ 2017年，新兴清洁能源对电源增量的贡献已经超过煤电。
✧ 全球超过75%的新增装机容量来自于太阳能和风能发电。

图4-1　新兴清洁能源快速发展的趋势预测

资料来源：国际能源署（IEA）、英国石油公司（BP）、全球第二大市场研究机构Markets and Markets、国际可再生能源机构（IRENA）、全球储能项目库（CNESA）、数据研究机构Benchmark Mineral Intelligence、国际市场研究机构GTM Research、全球风能理事会、国际能源署光伏电力系统项目、欧洲光伏产业协会、中国光伏行业协会发布数据，以及彭博（BNEF）《2018新能源市场长期展望》（NEO 2018）、国际氢能源委员会《氢能源未来发展趋势调研报告》、REN21“全球可再生能源现状报告（2018）”（GSR）、国际可再生能源机构（IRENA）《可再生能源效益：经济学分析》、挪威国家石油公司《2050年世界能源视角（2018年版）》等。

我国是世界太阳能和风能发电大国。综合世界太阳能权威机构数据：2017 年，我国太阳能发电新增装机 53.06 吉瓦，占据全球增量的半壁江山；太阳能发电累计装机 130 吉瓦，占全球总量的 32.4%。2017 年，我国风能发电新增装机和累计装机的全球占比分别为 37.4% 和 34.9%，均居世界首位。2018 年，我国太阳能发电行业虽然受到“531 新政”影响，但新增装机预计约 50 吉瓦，总规模依然全球第一。根

① 资料来源：《美国能源与就业报告（2017）》。

据中关村储能产业技术联盟发布的《储能产业研究白皮书 2018》：截至 2017 年底，我国投运的储能项目累计装机规模为 28.9 吉瓦，同比增长接近 19%，比全球 4% 的增长速度高了 14.9 个百分点，累计装机规模全球占比为 16.5%。

总结：今后，内蒙古能源经济很难再以煤炭的资源禀赋优势为重要依托。新兴清洁能源技术主要用于发电，当发电成本随着技术进步而下降到一定程度后，新兴电源将与传统电源展开激烈的市场竞争。按目前技术进步的趋势，这一天有可能在 3 ~ 5 年内到来。在化石能源中，煤炭主要用于发电，因此新兴清洁能源对传统电源的替代将会从煤电开始。内蒙古自治区独特的能源优势源于资源禀赋好，其中以煤炭的资源禀赋优势最为突出。虽然地下的煤炭依然富集，但产业优势却已无法与“煤炭黄金十年”期间相比。新兴清洁能源在我国能源主消费地呈现出了较快发展的势头，对内蒙古自治区等煤炭主产地的影响已经开始显现。虽然新兴清洁能源还不是目前煤炭产量增速下降的主因，但今后的影响会越来越大。

三、内蒙古加快现代能源经济发展的整体思路

在过去不足 20 年的时间内，内蒙古自治区成为我国重要的能源基地，煤炭资源禀赋优势得到了充分释放。步入新时代，能源产业发展的外部环境正在发生深刻变革。习近平总书记提出的“积极推动我国能源生产和消费革命”有两层含义，其一是对全球能源格局将发生根本性变革的重大判断，其二是对我国能源产业要顺应潮流、引领潮流的战略要求。习近平总书记明确提出，内蒙古自治区“要把现代能源经济这篇文章做好”，并给出了行动方向，即“紧跟世界能源技术

革命新趋势，延长产业链条，提高能源资源综合利用效率”。为将习近平总书记的重要指示落到实处，内蒙古自治区加快现代能源经济发展，绝不能重复速度效益型老路。这也是全区发挥能源基地职能、应对能源市场挑战、巩固能源竞争优势的内在要求。

（一）基本思想

积极落实习近平总书记关于“积极推动我国能源生产和消费革命”的战略部署，以及对内蒙古自治区“要把现代能源经济这篇文章做好”的明确要求，发挥好国家重要的能源基地的供应职能，面向市场需求，立足自治区的能源结构、地理特性和口岸优势，重组能源要素，坚持绿色化、新型化、体系化的发展方向，布局清洁煤炭、多元油气、绿色电力和煤基与新能源材料四大板块，针对供应通路短板打造清洁煤炭、多元油气和绿色电力三大通道，面向区外消费市场、区内消费市场和国外进口市场，构建一个制度和政策环境优良、专业化分工完善、协同效应释放的现代能源经济体系，真正实现能源经济从生产向服务的产业延伸和业态升级。争取到2020年，全区火电装机容量达到1亿千瓦，稳定石油产量、扩大天然气产量、推进煤层气开发利用，能源产业产值达到9000亿元。

（二）坚持三个方向

绿色化。内蒙古自治区现代能源经济需要保持一定的规模，以规模稳发展，但难以再向“煤炭黄金十年期”那样通过规模较快扩张获得较高收益，向质量效益型转变的关键之一是向绿色要效益。绿色化发展的本质不是简单的成本投入，而是以绿色供应满足需求，创造价值。内蒙古自治区应立足能源绿色消费需求、环境绿色发展要求，重点补齐信息和通信短板，鼓励因地制宜自主创新，沿实现化石能源开发、输送、加工的全方位绿色发展以及提升新兴清洁能源增量比重两条路径，彻底转变内蒙古自治区能源产业即是煤，煤即是黑的印象。

新型化。内蒙古自治区现代能源经济拥有较好的产业基础，涌现了一批新技术、新产品、新业态和新模式，目前的主要问题在于如何在实现了从无到有的较快成长后，大踏步迈过从低到高的门槛，因此接下来应坚持新型化的原则，突破更高难度的创新。内蒙古自治区煤炭产业起步晚，但也在先进生产力的带动下拥有了一个高起点，很快走上了规模化、机械化、多元化之路。步入新的发展阶段后，之前的新也在慢慢成为传统。新时期，内蒙古自治区现代能源经济的创新方向在于能够满足能源新需求且具有全球能源引领性的新技术、新产品、新业态和新模式，既要拓展新兴清洁能源市场，也要激发出化石能源的新价值。

体系化。内蒙古自治区现代能源经济与十几年前相比还有一个显著特征，即能源种类呈现多元化。以前是以煤为绝对主力，现在是以煤为基础，一次能源油气、太阳能和风能以及二次能源电力共同发力。传统能源与新兴清洁能源之间具有一定的替代性，但在区域内的发展还应体现协同性，坚持体系化的方向。在内蒙古自治区现代能源体系中，不同能源产业、产业链上的中下游产业、配套服务业共同构成一个生态系统，能源与能源之间相互补充，相关制造业、服务业配套发展，基础设施建设避免浪费。

（三）布局四大板块

根据内蒙古自治区的能源优势、能源产业特征，以及能源生产和消费革命的全球趋势，加快发展现代能源经济可重点布局清洁煤炭、多元油气、绿色电力、煤基与新能源材料四大板块。

清洁煤炭。煤炭产业的发展重点是升级业态，实现从煤炭生产业向清洁煤炭供应业转型。面向煤炭清洁燃烧的消费需求，从质量标准入手突破煤炭产品标准化程度低的难题，开发煤炭产品的清洁功能，提升外送煤炭的燃烧价值，以产品的功能提升稳固内蒙古自治区在全国煤炭供应体系中的大规模地位。业态升级核心在于顺应煤炭市场消费升级的大方向，制定外送煤炭产品新体系“蒙煤标准”，通过法治化的标准监管引导企业发展智能化、数字化、封闭式的流通加工，完善全区煤炭产业的加工服务、大数据服务、燃煤解决方案服务等生产服务业态，推动煤炭产业从生产环节向清洁供应环节升级。

多元油气。油气产业的发展重点是开发利用，实现“地下宝藏”向地上产业的转化。加大对常规油气和非常规油气资源的勘探开发力度，在管道等油气基础设施建设方面积极争取国家政策支持，形成本地油气管网与“一带一路”国际油气合作和“西气东输”大管网的高效对接。以“多元开发、稳油提气”作为发展目标：多元开发是指开发对象的多元和开发主体的多元。推进常规油气资源与非常规油气资源的共同开发，主要包括“二油四气”，即石油、油页岩、天然气、煤层气、致密气、页岩气；引资、引技、引商，实现央企、本地企业和区外企业的合作开发。稳油提气是指稳定油量、提升气量。深化油气体制改革，与央企合作加大对常规油气资源的勘探和开发力度；同时，支持企业间的资本合作与技术合作，加快非常规油气资源的勘探和开发进度。

绿色电力。电力产业的发展重点是为社会输送清洁电力，实现从以电力外送为主向外送清洁煤电、区内鼓励风能和太阳能发电自发自用的新格局。形成包括煤电、风能发电、太阳能发电在内的清洁供电体系，首先做到煤电的清洁燃煤，其次利用好丰富的风能和太阳能。将煤电定位为蒙电外送的主力，在落实现有的煤电及其基础设施建设和改造项目的同时，加速淘汰落后产能；加大风能发电和太阳能发电的本地消纳能力，一是将集中式可再生能源发电通过蒙西电网多供应本地工业企业，二是发展农业、工商业分布式可再生能源发电实现“自发自用、余电上网”；发挥蒙西电网独有的低电价优势，助力招商引资和本地工业发展，进而提升本地工业对风能发电和太阳能发电的消纳能力。

煤基与新能源材料。能源深加工行业的发展重点是新兴材料，实现从基础化学品向高端细分材料的延伸。立足内蒙古自治区已经取得的煤化工技术基础和体系基础，面向全球化工技术最前沿，跳出煤基燃料的固有路径，针对我国的材料短板，比照《新材料产业发展指南》，引进权威科研机构、鼓励企业自建研发实验室，重点开发功能独特的煤基新材料；丰富风能发电、太阳能发电等新兴清洁能源制造体系，强化材料制造环节，利用好石墨烯等内蒙古自治区独特的稀缺资源，重点攻关新能源电池、储能等新材料技术。鼓励本区拥有稀缺煤炭资源的煤炭企业开展新材料的研发和制造，既可以保护性开发优质煤种，也可以推进传统煤炭企业新时期的转型发展，例如内蒙古伊泰集团的煤化工项目、太西煤集团的活性炭项目等可培育成为新的能源增长点。

（四）打造三条通道

内蒙古自治区资源丰富，却地广人稀，因此开发的能源以外送为主。外送通道建设一直是全区发展能源经济的主要瓶颈。“煤炭黄金十年期”，困难主要在煤炭通道。目前，随着煤运通道能力的大幅提升以及煤炭消费增速的趋缓，煤炭外运的压力已经大大缓解。但油气通道、电力通道能力不足的问题也很突出。内蒙古自治区发展现代能源经济应首先解决通道难题，重点畅通洁净煤炭、多元油气和绿色电力的三条供应大通道。

清洁煤炭通道。煤炭大通道的发展重点是完善路网，在通道运送功能的基础上增加清洁功能。立足已有的煤运主干道优化煤炭运输线路，围绕中蒙边境、中俄边境加重我国向北开放的节点布局力度，将口岸开放与货运通路建设相结合，补充进口煤炭的运输支线。在煤炭通道的重要节点开展洁净煤标准化监管，包括口岸、铁路节点等，让运煤通道成为蒙煤清洁化的加工厂，做强绿色蒙煤品牌。

多元油气通道。油气大通道的发展重点是积极与国家油气管网主线对接，加强内蒙古自治区支线建设。提升对内蒙古自治区油气资源以及蒙古国油气资源进口的战略定位，将蒙西鄂尔多斯盆地作为我国未来的石油接替区和“西气东输”的补充气源地。综合考虑常规油气资源和非常规油气资源的开发利用与进口，打通蒙西与“西气东输”主线和“一带一路”国际能源合作主线的支线连接，将自治区的油气资源、俄罗斯和蒙古国的油气资源与京津冀乃至更广阔地区的能源消费大市场对接，形成内蒙古自治区油气新通路经济带。

绿色电力通道。电力大通道的发展重点是加大对风能发电和太阳能发电的基础设施投入力度，深化电力体制改革，打通制度梗阻。建议根据不同电源的特性重新调整电力格局：外送以煤电为主，加大自治区对风能发电和太阳能发电的消纳能力。根据新的电力格局布局全区电力通道：一是完善外送煤电的主网架构，尽快形成蒙西、蒙东电力外送主干网；二是提升新型清洁能源较快增长后的电网能力，包括建设智能电网、改造农村配电网等。打通制度梗阻的首要任务是深化电力体制改革，协调好蒙西电网与国网的调度安排，在自治区的电力市场开展电价改革、电力交易市场化改革和微电网运行机制改革。在调整和改革的同时，通过煤电的超低排放和发展可再生能源实现绿色电力供应。

（五）面向三个市场

内蒙古自治区的地理位置极为特殊，远离能源消费市场，却又毗邻蒙古国、俄罗斯能源富集国家，因此能源市场主要有三个：区外消费市场、区内消费市场以及国外进口市场。需要关注的是，近年来内蒙古自治区的工业发展较快，区内的能源消费市场也在较快增长。

区外消费市场。发挥好国家重要能源基地的作用，满足国内能源消费需求。内蒙古自治区是我国的能源主产地，确保区外主消费地的能源供应是基本职责。根据市场需求波动调节能源供应量，不仅实现安全生产，还要提升能源“蓄水池”平抑波动的能力。这是保障煤炭、油气、电力供应的前提，也是确保区内能源生产平稳运行的基础。根据能源消费升级的大趋势提升能源供应的品质，从加工服务、物流服务、信息服务等入手着重补齐现代能源经济发展所需的生产性服务业短板，实现产品质量的标准化和绿色化、服务水平的智能化和信息化。

区内消费市场。做强能源经济，满足自治区工业发展的需求。重点做好三件事：一是保护性开采稀缺煤种，主要供应煤基与新能源材料制造所需，形成几个拳头产品；二是发挥风能和太阳能的资源优势、蒙西电网的低电价优势，满足自治区工商业的电力需求；三是开展能源绿色供应，保护自治区的资源环境。

国外进口市场。对接口岸建设，满足国内能源需求。核心在于建设好自治区对俄罗斯、对蒙古国的能源口岸，将口岸布局纳入自治区现代能源经济发展格局中。主要作用有三：一是进口优质能源，补充国内能源供应；二是活跃口岸经济，让口岸成为自治区现代能源经济发展的特色和重要增长极；三是体现内蒙古自治区现代能源经济的开放特色，让自治区以能源为纽带，在我国深化与俄罗斯、蒙古国合作联通东亚经济圈和发达欧洲经济圈中发挥更为重要的作用。

（六）构建一个生态

内蒙古自治区现代能源经济涉及多类能源、多种业态、多个层面，分别由不同的能源及相关行业企业和机构主导运营。这些主体是自治区现代能源经济的微观基础，同样不能再重复规模效益型老路，而是需要沿着绿色化、新型化的道路相互协同、配套发展，共同构成完善的现代能源经济体系，即实现体系化发展。这个体系就是内蒙古自治区现代能源经济生态系统。

生态系统中，所有主体遵循相同的运行规则才能实现良性循环，所谓生态的运行规则是指内蒙古自治区加快现代能源经济发展所需的制度和政策环境，主要涉及标准、环保、法律、金融、税收、土地、行业、开放、激励和约束等方面，自治区所有的能源制度和政策均需要根据绿色化、新型化、体系化的发展方向完善和调整；煤炭、多元油气、电力、煤基与新能源材料几类企业分别在各自的领域形成基于专业化分工的完善供应体系，既包括生产型企业也包括服务业企业，共同满足三个市场的服务需求，实现能源经济从生产向服务的产业延伸和业态升级；形成生态系统的协同效应，虽然不同主体分属于不同的能源业，但相互之间可以协同，例如油与气、常规油气与非常规油气、油气进口与煤炭进口、煤炭与煤基新材料、风能和太阳能发电与新能源材料、煤基新材料与新能源材料，等等，都可以通过协同发展共同激发微观主体的市场活力，加快自治区现代能源经济发展。

四、政策建议

（一）转变能源经济发展思路

首先要转变基于资源禀赋的能源生产思路，不再重复规模效益型老路。在供不应求的市场环境下，以煤为主的规模效益非常显著。自治区的能源企业首先要保障的是把煤炭等能源开采出来，运送出去，有什么卖什么。消费市场抢购煤炭，有什么买什么。生产侧和消费端都不关心供应服务。煤炭主产区也因此形成了以生产为主导的能源发展思路。步入新时期，煤炭市场的供需结构发生了根本性改变、新兴清洁能源快速成长。同时，能源消费市场升级，开始追求能源的产品质量和服务质量。为适应市场新趋势，内蒙古自治区应将基于资源禀赋的能源生产思路转变为以服务为主导的能源供应思路。一是准确把握能源发展趋势，避免在煤炭领域形成新的过度投资。二是从能源供给的角度布局能源生产力。生产能源的目的是为了供应，不是生产什么、生产多少都能被市场接纳。例如风能和太阳能发电，虽然自治区生产能力很强，但集中式生产的电力无法被远距离的市场消纳，只能弃掉。因此建议自治区在重整资源要素的同时，也要将生产要素和流通要素统筹考虑，从市场需求出发，建立消费市场拉动与新兴技术推动的全新能源发展理念。

（二）推进国家能源体制改革示范区建设

内蒙古自治区需要建立起一整套与现代能源经济相适应的制度和政策体系，但在现有的能源体制下很多制度和政策难以突破，需要同步深化能源体制改革。鉴于自治区的我国重要的能源基地定位，以及煤炭、油气、电力发展所面临问题的典型性，可以争取成为国家能源体制改革的示范区，重点推进三项改革：一是推进煤炭行业质量管理体制改革。建立与新时期煤炭清洁消费相适应的蒙煤质量标准体系，结合现代化的信息和通信技术，以煤炭标准监管为切入点，整体提升自治区清洁煤炭供应能力；改革目前的煤炭质量监管模式，将煤炭企业质量管理与煤炭发运站台和口岸的政府质量监管相结合，确保出区和入区煤炭的质量标准化和服务规范化。二是推进油气开发市场化、法治化进程。打破油气矿权的行政垄断，重点解决“有法不依”。梳理自治区常规油气资源的探矿权和采矿权，依法重新设计矿权退出机制，重启非常规油气资源开发的市场准入，解决好常规油气资源开发不力、非常规油气资源矿业权重叠的老问题。三是推进电力体制改革。试点自治区电网企业向综合能源服务商转型，启动上网电价和终端电价改革，鼓励工商业企业屋顶分布式可再生能源发电，缩短国网与蒙西电网的电价差距；深化电力多边交易市场改革，建立与分布式可再生能源发电相配套的微电网运行机制，突破“隔墙售电”的制度障碍。

（三）积极融入国家向北开放的基础设施布局

内蒙古自治区加快能源经济发展需要撬动口岸经济，煤炭、油气进口则需配套相应的基础设施。目前，在国家向北开放的战略布局中，内蒙古自治区的能源节点地位并不明显。建议发挥好内蒙古自治区与俄罗斯、蒙古国相邻的地理优势，将“一带一路”国际能源合作以及“西气东输”的基础设施建设与自治区能源进口的主要口岸建设相统筹，支持与主线相连的内蒙古自治区支线铁路、支线管道建设，形成我国向北开放的新通道。

专题五

内蒙古融入国家区域发展战略的思路与措施

内蒙古自治区作为少数民族边疆地区，在国家区域发展中具有至关重要的战略功能与地位。当前，内蒙古正处于转型发展的关键时期，能否顺利实现新旧动能的转换，迈向更高质量的发展阶段，不仅需要加快推动自身的产业结构调整升级，在经济体系更加开放和新技术革命加速推进的大时代背景下，加快推进自治区内部不同地区的协同发展，更加积极主动地融入国家不同层面的区域发展战略之中，也是实现更高质量发展的战略路径之一。本专题将在深入分析内蒙古自治区内部空间发展的现状、存在的突出问题等基础之上，重点从对接融入国家重大区域发展战略的角度，探讨内蒙古如何通过空间布局的优化、体制机制的创新，参与到国家区域发展大格局之中，并以此推动本地区新旧动能转换，培育新的增长动力，实现更高质量的发展。

一、内蒙古区域发展的主要特征和存在的突出问题

内蒙古作为欠发达地区，区域内部发展不平衡、不充分、不合理

的问题和矛盾较为突出，已成为影响其发展潜力释放的重要因素之一。本报告重点从经济规模、发展水平、城镇化进程、产业分工等不同维度来分析认识内蒙古空间发展的主要特征，这是探讨内蒙古如何实现与国家重要区域发展战略融合对接的基础。

（一）经济空间集中度较高，省内发展水平的差距较为显著

从经济规模的空间分布来看，内蒙古全自治区超过 50% 的 GDP 集中在鄂尔多斯、包头和呼和浩特三个地市（图 5–1）。与经济规模相当的山西相比，GDP 空间集中度 CR3 高出 10 个百分点左右（排名前三位地市所占比重之和）。从经济发展水平来看，2016 年，内蒙古人均 GDP① 为 7.4 万元，与东部地区的福建（7.39 万元）和广东（7.28 万元）人均 GDP 水平相当，但省内的地区发展与发展水平相当的福建和广东差距较为显著。2016 年，内蒙古人均 GDP 最高的盟市与最低之比为 6.6 倍，同比，福建为 1.77，广东为 5.9（不包括深圳）。其中有 6 个盟市人均 GDP 超过了高收入国家 / 地区的水平（参照世界银行 2016 年的划分标准，高收入国家 / 地区的标准为：人均 GNI 大于 12055 美元），但也有地区的人均 GDP 水平刚达到全国平均水平的 60% 左右。

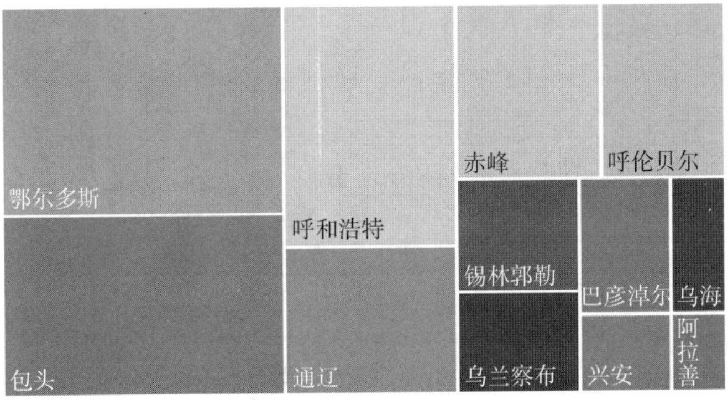

图5-1　内蒙古经济总量GDP的空间分布（2016年）

① 此处为了与其他省份和地级市层面的比较，仍使用2016年的数据，不影响基本结论。

（二）内蒙古自治区内部城镇化进程存在显著差异，东部盟市城镇化普遍滞后

从城镇化进程来看，2016 年内蒙古城镇化率为 61.9%，高于多数中西部省份。但自治区内部的差距较大，5 个盟市的城镇化率低于国家平均水平（2016 年国家城镇化率为 57.35%），4 个地区的城镇化率低于 50%。如果从市区人口所占的比重来看，除了包头、乌海市工业城市之外，其他地区的比重都严重偏低，最低的呼伦贝尔市仅为 48% 左右。这与内蒙古区域的自然条件有关，但也暴露出部分地区城市聚集能力不够，城市与腹地区域不协调的问题，空间增长极的效应并未形成。城镇化发展不足，人口布局过度分散，长期来看不利于区域生态环境治理和公共服务供给水平和质量的改进。因此，内蒙古城镇化无论从数量还是质量上都还有很大的提升空间。

（三）区域内部分工格局初步形成，但地区间同质化竞争仍较为突出

从产业的空间分工来看，内蒙古已初步形成了自东向西逐步升级的空间格局。西部呼和浩特、包头、鄂尔多斯、乌海工业比重较高，形成了冶金、机械、电力等主导产业，中东部的农牧业、旅游、物流业表现出一定的比较优势。但整体上，自治区内部的分工仍是以资源型产业为基础的低水平分工，地区之间尚未建立起基于产业链、创新链的协作式分工体系，在冶金、建材、电力、农牧业等行业领域的同质化竞争依然突出（图 5–2）。

从内蒙古各地区发展的功能定位来看，尽管有所侧重，但在部分领域的趋同仍值得关注。以各地区十三五规划中的发展定位为例，如表 5–1 所示，各地区中，只有满洲里和二连浩特两个计划单列市中没

有将“清洁能源基地”作为其功能定位，有8个盟市将“绿色农牧产品”作为本地区的主导产业方向。

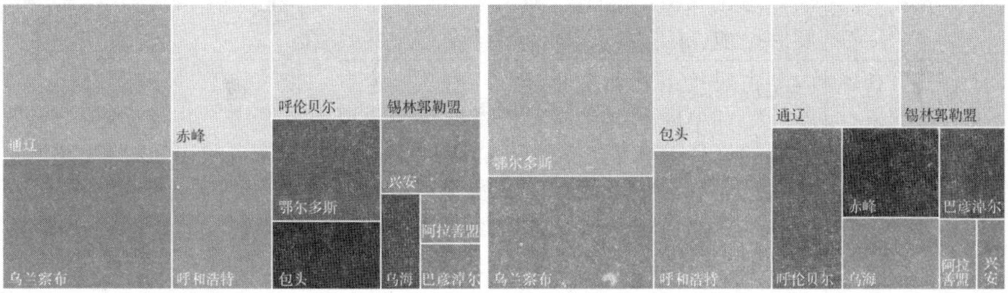

图5-2　内蒙古发电量（左）和水泥产量（右）的空间分布（2016年）

更需要引起重视的是，随着各地区产业结构调整不断深入，在现代物流、大数据、文化旅游等一些新兴产业领域的同质化现象也越来越突出。这种趋同式发展不仅会导致有限的资源要素，尤其是优质要素和政策资源的配置过度分散化，难以形成规模积聚效应，还会在地区之间诱发低水平的“零和竞争”。在产业发展的中前期阶段，这种发展方式的负面效应更加显著，如果不及时进行统筹协调，将导致产业尚未发展壮大，就因为过度竞争而难以成长。

表5-1　内蒙古各盟市在“十三五”期间功能定位的比较

盟市	功能定位
呼和浩特	民族特色鲜明的区域中心城市，草原丝绸之路战略节点城市，区域性现代服务业集聚区，新型工业化示范地区，转型升级与创新创业引领地区
包头	稀土新材料基地，新型冶金基地，清洁能源输出基地，现代装备制造基地，新型煤化工基地，绿色农畜产品精深加工基地，区域性创新创业中心，区域性物流中心，区域性新型产融结合中心，区域性消费中心，区域性文化旅游中心，北方重要的生态安全屏障和祖国北疆安全稳定屏障，自治区向北、向西开放的战略支点
乌海	全国重要的煤焦化工、氯碱化工循环产业基地，自治区重要的精细化工产业基地，清洁能源输出基地，中国西部区域旅游集散地和国际特色旅游目的地，以葡萄（酒）产业为核心的现代农业基地，自治区西部“小三角”地区乃至宁蒙陕毗邻区域中心城市，西部地区生态文明先行示范城市，自治区向北开放的重要能源资源加工交易中心，蒙宁合作先导区，区域金融服务中心、生产性物流中心、大数据应用中心

续表

盟市	功能定位
赤峰	国家有色金属冶炼加工基地，京津冀地区清洁能源保障输出基地，自治区绿色农畜产品生产加工输出基地，国家特色文化旅游和生态休闲度假基地，国家级产业合作与转型升级示范区
通辽	内蒙古对接东北老工业基地、融入国家“一带一路”、京津冀协同发展战略和草原丝绸之路经济带建设的重要节点城市，区域物流、创新创业的现代综合枢纽城市，以煤电铝循环经济为主的铝新材料等有色金属产业基地，区域清洁能源输出基地，国家重要的玉米生物科技产业基地，绿色农畜产品生产加工输出基地，全国最大的蒙医药科研生产基地，自驾旅游体验基地
鄂尔多斯	国家清洁能源输出主力基地，现代煤化工生产示范基地，全区铝循环产业基地，装备制造业基地，面向全国市场的绿色农畜产品生产加工输出基地，呼包银榆区域性中心城市，重要的综合性交通枢纽，现代物流枢纽，自治区重要的经济中心，面向全国的生态休闲、健康养生和旅游度假基地，西部品质名城
呼伦贝尔	全国可持续发展的生态环境保护建设示范区，全国沿边开发开放最具活力的合作先导区，国家重要的绿色有机农畜林产品生产加工输出基地，国家重要的清洁能源和煤基产品加工输出基地，国际化高端旅游目的地，民族团结、边疆安宁、美丽幸福家园
巴彦淖尔	绿色农畜产品生产加工输出基地，有色黑色金属和进口资源深加工基地，清洁能源输出基地，现代化工及新材料生产基地，河套文化特色旅游度假基地，生态安全和安全稳定“两个屏障，国家和自治区向北开放的重要桥头堡，融入“一带一路”的重要枢纽城市
乌兰察布	承接非首都功能疏解和产业转移的示范基地，清洁能源输出基地，绿色农畜产品生产加工输出基地，体现草原文化、旅游休闲度假基地，高端化工及新材料产业基地，现代物流基地，京津冀及周边地区商品和服务进入俄蒙欧的大通道，国家级生态文明示范区
兴安	全国重要的绿色农畜产品生产加工输出基地，国际知名的特色旅游观光休闲度假基地，面向东北和环渤海地区的清洁能源输出基地，全国民族团结进步示范区，全国扶贫开发创新先行区，全国生态文明建设引领区，新亚欧大陆桥的重要节点
锡林郭勒	祖国北疆重要的生态安全屏障，国家清洁能源输出基地，重要的绿色农畜产品加工输出基地，草原文化旅游休闲度假基地，国家重要的向北开放前沿阵地
阿拉善	国家重要的生态功能示范区，服务丝绸之路经济带和中蒙俄经济走廊的重要通道，国际旅游目的地，国家重要的清洁能源示范基地，国家重要的军民融合空天基地，国家重要的沙产业示范基地
满洲里（区计划单列市）	我国北向沿边开发开放的重要窗口，对外交流合作平台和沿边地区重要的经济增长极，中蒙俄经济走廊陆海和陆路联运大通道重要节点和综合性枢纽，内蒙古东部地区联通毗邻俄蒙地区的区域性中心城市，东北亚著名的国际口岸旅游城市，边疆民族地区和谐进步的示范区

续表

盟市	功能定位
二连浩特（区计划单列市）	向北开放的“黄金桥头堡”，丝绸之路经济带上的重要国际物流枢纽，沿边经济带的重要增长极，富民安边睦邻的示范口岸

资料来源：作者根据各盟市“十三五”规划整理。

（四）各盟市发展能力高度不平衡，中心城市的辐射带动作用需要加强

近期受多种因素的影响，内蒙古整个省域的经济进入了一个调整转型的发展阶段。不仅 GDP 增速出现明显下降，财政能力也有所下降（图 5-3 和图 5-4）。2017 年，内蒙古财政收入与 GDP 之比约为 10.6%，低于发展水平（人均 GDP）相当的省份。自 2010 年，财政收支差占 GDP 的比重也呈现出明显的上升趋势，尤其是在 2014 年之后呈现出加速扩大的趋势。地方财政能力的下降直接会影响到本地区区域创新、产业发展转型、公共服务、基础设施建设等发展能力的提升，并可能在一定程度上对发展的转型形成刚性的约束。

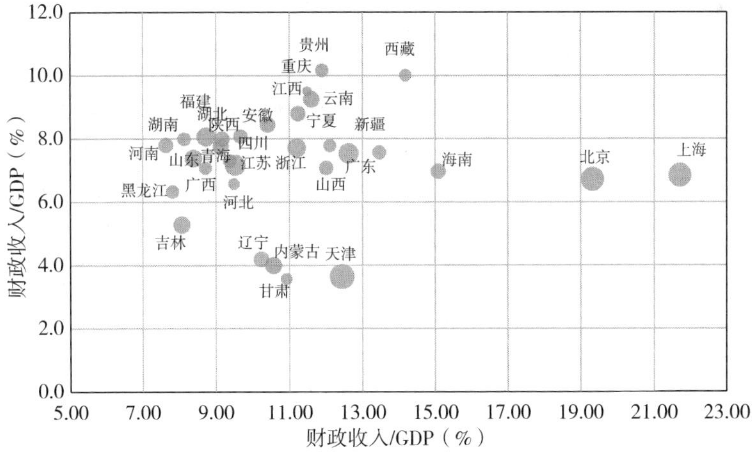

图5-3　2017年各省财政收入能力的比较

注：圆圈大小表示人均GDP。

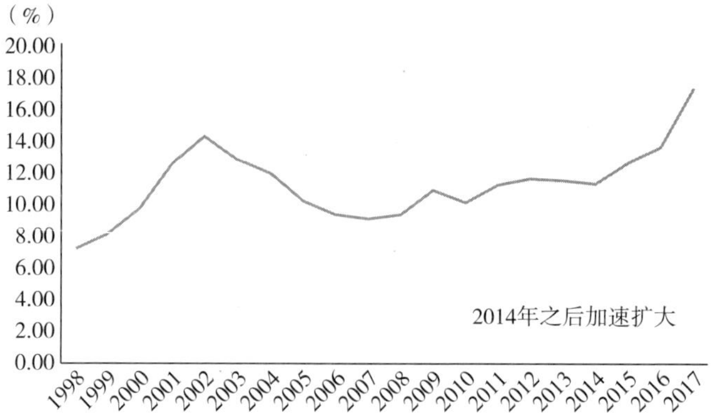

图5-4　1998～2017年内蒙古财政收支差/GDP之比

从自治区区域内部来看，各盟市发展能力的差距也较为显著。无论是经济总量（GDP）还是财政收入，主要都集中在呼包鄂三地，所占比重之和超过了50%。区域创新能力的不平衡程度更加严重。2016年，超过60%的科研经费投入集中在呼和浩特，有些盟市科研经费的投入占全自治区的比重不足1%（图5-5）。发展能力的高度不平衡会在区域发展的过程中不断地强化循环累积效应，即“贫者愈贫、富者愈富”。

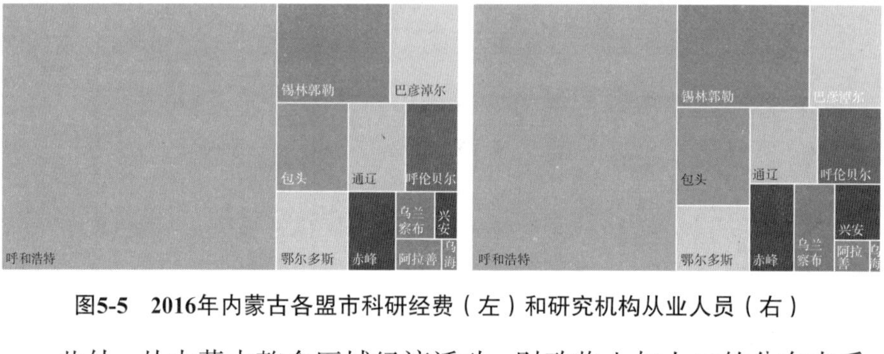

图5-5　2016年内蒙古各盟市科研经费（左）和研究机构从业人员（右）

此外，从内蒙古整个区域经济活动、财政收入与人口的分布来看，也存在显著的不一致（图5-6）。这表明经济相对发达的地区对欠发达地区的辐射带动和人口聚集的作用还不够充分，也在一定程度上反映出自治区内部的要素流动和空间布局还需要进一步优化。

综上所述，无论是发展的资源条件与发展能力，还是产业基础与潜在的优势，内蒙古最为显著的特征之一就是“差异性显著”。这就要求内蒙古在融入国家区域发展战略的过程中，不仅要加强整个区域的空间优化，还要注重不同地区的差异化条件与国家战略的匹配，这样才有助于更深度地融入国家战略之中，并与国家区域发展的大格局形成战略上的协同共振，推动本地区的高质量发展。

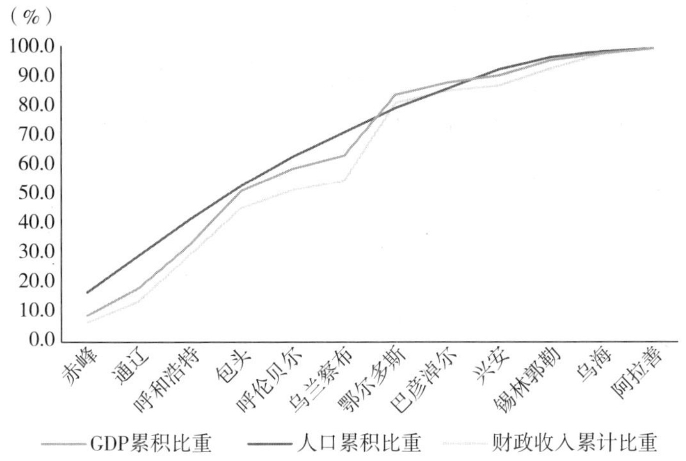

图5-6　内蒙古人口、GDP、财政空间累计分布图

二、内蒙古融入国家区域发展战略的总体思路和路径

一个地区的发展与其他地区和国家整体的发展密切相关，尤其是新技术革命和经济全球化的快速兴起，已将一个地区的发展置于更加开放的经济体系之中。每一个地区的发展必须要融入更大区域范围的发展战略之中，而要真正实现融合发展至少需要满足两方面的条件：一是要符合国家战略的要求和国家整体利益最大化；二是要符合本地区潜在的资源条件优势。

基于此，内蒙古融入国家区域发展战略的总体思路为：立足于国家长远发展战略的目标和总体要求，遵循新技术革命背景下资源要素空间布局的基本规律，以提高优势资源空间上的规模集聚效率和增强地区间一体化协同发展为重点，以地区功能分工和多级支撑为依托，分层次、全面、深度融入国家区域战略之中。具体路径如下。

（一）进一步明确内蒙古在国家战略中应承担的战略功能

十九大报告中明确提出，我国社会主要矛盾已经转化为“人民日益增长的美好生活需要和不平衡不充分的发展之间的矛盾。经济已由高速增长阶段转向高质量发展阶段，建设现代化经济体系是跨越关口的迫切要求和我国发展的战略目标。要激发全社会创造力和发展活力，努力实现‘更高质量、更有效率、更加公平、更可持续’的发展目标”。因此，内蒙古在融入国家发展战略的过程中，首先要根据国家在新时代发展的战略目标和要求，以及新技术革命背景下区域发展环境条件的变化，在原有战略定位的基础上，进一步明确和细化内蒙古在国家区域发展战略中的功能定位和优先顺序，该强化的强化，该调整的调整，该整合的整合。科学准确的战略定位是实现内蒙古的发展与国家区域战略融合的契合点。关于新时代背景下内蒙古战略功能定位的初步建议如下。

1. 北方最重要的生态安全屏障

内蒙古地处北部边疆，内连八省，其生态环境不仅关系到自治区居民的生产生活，也关系到整个北方地区乃至全国更大范围生态环境的改善。因此，保护生态环境，积极践行“绿水青山就是金山银山”的发展理念，是内蒙古实现高质量发展的应有之义和首要任务。在新时代，内蒙古要置身于全国生态文明建设和发展的大局之中，更加强化本地区在国家生态安全中的战略定位，把“生态环境的保护和建设”作为新旧动能转换过程中的首要任务。

2. 高质量绿色农畜产品输出基地

内蒙古绿色经济得天独厚，兼具种植业、畜牧业、生态林业、沙产业，乳制品、肉类、林草良种、蒙中药材等特产在国内外闻名遐迩。不断做强做优第一产业，是内蒙古高质量发展的基础所在。内蒙古可面向我国绿色健康食品、城乡绿化景观等领域的广阔市场空间，培育农业发展的新动能。要推广绿色生态农业技术，形成以节水农业为特色的产业体系。加大生物技术研发投入，减少化肥、农药、抗生素用量，保护好林地、草原、土壤、水源等绿色生态资源。着力打造科技密集型农畜产品深加工产业链，提高关键技术自主化率，强化绿色食品的质量标准，进一步提升品牌价值。

3. 现代能源与战略性先进材料的绿色发展基地

内蒙古是国家重要的能源原材料基地，在传统能源和风能、太阳能等新能源领域都已积累形成了较为坚实的发展基础，规模优势相对显著。在资源环境约束加剧和国家应对全球气候变化压力日益增大，以及全球能源革命加速推进的背景下，内蒙古要推动能源开发利用和高载能产业的绿色化转型，在我国风能、太阳能、氢能等新兴绿色能源的开发应用以及新能源储备、分布式能源的建设上担负起更重要责任，在火电、冶金、化工等行业运用先进技术替代落后产能，建成绿色高载能示范基地，从而为整个国家实现更高质量发展提供更有力的能源支撑和保障。

与此同时，随着新一轮科技革命的快速兴起，特殊功能、关键领域材料的开发与应用已成为影响一国制造业升级和国家核心竞争力的关键。内蒙古作为国家重要原材料工业基地，在稀土、金属、特殊功能材料等领域已具备很好的创新发展条件，在今后发展中，内蒙古应进一步强化本地区优势，发展新材料的绿色制造技术，在国家新兴战略性材料领域的技术创新与战略储备中承担更重要功能。

4. 全面对外开放的绿色通道和新型枢纽经济承载地

推动形成全面开放新格局，以“一带一路”建设为重点，形成陆海内外联动、东西双向互济的开放格局，是十九大报告中提出的新时代国家开放战略总体布局。向北开放是我国新时代开放战略大格局中的重要一环，不仅对深化我国对俄蒙开放合作、更好维护国家能源资源安全具有战略意义，也是推进和深化与东北亚国家和地区经贸合作的重要渠道。内蒙古处于亚欧大陆桥东线、中线的枢纽地位，具有不可替代的地缘经济优势，应当继续发挥“承东启西，贯通南北”的区位优势，加强与东北、华北等地区的合作，共同构建面向俄蒙欧和东北亚的战略开放通道，带动京津冀、东北和东部更多地区参与到国家向北开放的战略布局之中。内蒙古在扩大对外开放中形成产业发展新动能，要妥善化解政府债务，降低企业税负，改善营商环境；同时优化基础设施，建设绿色生态、宜居宜业的枢纽城市，形成我国向北开放的“绿色通道”。依托中心城市，吸引集聚高端要素资源，培育信息服务、金融租赁、医疗健康等现代服务业，将国际物流通道优势转化为新型枢纽经济形态。

（二）建立融入国家战略的多元化渠道

与上一次技术革命相比，以信息通信、云计算、智能制造、现代交通等为核心的新一代技术变革，对资本、人口、知识等不同经济要素的跨区域流动、空间组织模式以及空间聚集形态都产生了根本性的影响，已成为推动区域经济重塑的重要动力。新的技术进步一方面通过技术替代与空间压缩，大大降低了经济活动对地理实体空间的边际需求规模，使得经济活动的空间集聚规模效应呈现指数化的放大；另一方面，互联网、区块链、云计算等新技术正在不同地区之间建立新的空间联系路径，实现了生产、交易、管理、控制等供应链不同功能在不同空间实时、便捷地联结，根本上改变了要素流动与空间配置的路径，在地区间构建了一种基于全供应链的新型功能分工联系。这是新的技术条件下，国家区域经济发展格局的基本态势，内蒙古的发展不可能脱离这一基本的环境条件和演变规律。因此，内蒙古要融入国家区域发展战略，必须将自身的发展融入整个国家的区域分工体系之中，基于国家产业链分工、创新链分工和价值链的分工，从不同层次、不同领域来构筑本地区与国家区域战略连接的多元化渠道。

（三）多层次、全方位地融入国家区域发展战略

总体而言，我国区域发展战略的整体布局主要分为四个层面：一是战略层面，即以区域发展总体战略为基础，以“一带一路”建设、京津冀协同发展、长江经济带建设三大跨区域战略为核心，重点是形成沿海沿江沿线经济带为主的纵向横向经济轴带；另外三个层面依次是城市群、中心城市（包括全球城市和区域性中心城市，支持绿色城市、智慧城市、森林城市建设和城际基础设施互联互通）、经济区和城乡一体化（包括全面创新示范区、沿边开发开放试验区、自由贸易试验区、特色小城镇、乡村振兴等）。从国家新近实施的一些重要区域战略可以看出，新时代我国区域发展的总体导向主要是：

更强调区域分工协作。强调不同地区、不同区域经济主体的功能定位，要错位发展、优势互补，控制区域之间的无序竞争（零地价、税收优惠、地方保护等），切实提高资源要素的空间配置效率。

更强调区域协同一体化发展。除了京津冀协同发展等三大核心战略之外，最近实施的粤港澳大湾区、长江三角洲区域一体化等战略，都表

明国家区域发展的总体思路是在更大区域范围构建有效的区域分工协作体系，区域发展的目标更加强调效率与公平和可持续的兼顾统筹。

因此，内蒙古在融入国家区域发展战略时，要根据国家区域发展战略的总体导向，以区域内部的功能分工和潜在优势为基础，从不同层次推动内蒙古更高水平、更深入地融入国家区域分工体系之中。初步建议：以呼包鄂榆城市群和区域中心城市为重点，以新亚欧大陆桥、中蒙俄、中国—中亚—西亚等国际合作通道为支撑对接国家“一带一路经济带”；以乌兰察布、赤峰、通辽等为重点对接京津冀协同发展战略，并加强与周边地市的合作，适时推进环渤海城市群协同发展战略；以蒙东地区的中心城市为核心，通过建设绿色城市、智慧城市、特色小镇等对接国家城乡一体化和乡村振兴战略。

表5-2　　三大重要区域战略的政策重点

	政策重点
共建“一带一路”战略	①实行高水平的贸易和投资便利化政策，全面实行准入前国民待遇加负面清单管理制度，大幅度放宽市场准入，扩大服务业开放。 ②赋予自由贸易试验区更大改革试验权，探索建设自由贸易港。 ③创新对外投资方式，促进国际产能合作，形成面向全球的贸易、投融资、生产、服务网络
西部大开发战略	①国有企业改革：改革国有资本授权经济体制、混合所有制、产权的有效激励等。 ②财税制度的改革：建立权责清晰、财力协调、区域均衡的中央地方关系。健全地方税体系。 ③建立市场化、多元化生态补偿机制。统一行使所有国土空间用途管制和生态保护修复职责，统一行使监管城乡各类污染排放和行政执法职责
京津冀协同发展战略	①在京津冀交通一体化、生态环境保护、产业升级转移等重点领域率先取得突破。 ②大力促进创新驱动发展，增强资源能源保障能力，统筹社会事业发展，扩大对内对外开放。 ③加快破除体制机制障碍，推动要素市场一体化，构建京津冀协同发展的体制机制，加快公共服务一体化改革。 ④抓紧开展试点示范，打造若干先行先试平台

资料来源：作者根据相关资料整理。

三、内蒙古融入国家区域发展战略的若干政策建议

内蒙古在全国区域发展格局中具有重要的战略地位。推动内蒙古融入国家区域发展战略之中，既是实现国家重大发展战略和区域协调发展的需要，也是其自身实现更高质量发展的内在需求。具体建议如下。

（一）国家层面

内蒙古整体上尚属于欠发达地区，在生态环境建设、老工业基地和资源能源基地转型、城镇化、脱贫、基础设施等领域都面临着较大的挑战，依靠其自身的发展能力是很难克服这些瓶颈问题的，需要国家从更多层面给予更多的政策支持。重点如下。

第一，赋予内蒙古在国家区域发展战略中更高的功能定位，进一步发挥内蒙古的潜在优势。

从我国新时代经济社会发展的内在需求，以及新技术革命、全球化、地缘政治等外部发展环境条件的变化来看，都有必要提升内蒙古在国家发展大局中的功能定位。利用内蒙古独特的区位条件，深化我国对外开放的战略；发挥内蒙古的自然资源优势和能源、材料等产业领域的优势，在国家能源结构转型和保障体系建设、先进材料的创新发展等领域担负更重要的战略功能；内蒙古地域辽阔、牧区资源丰富，具有发展现代农牧业不可替代的优势，有条件也应当在国家食品安全、提供更丰裕的绿色农牧产品等方面发挥更大的作用；此外，内蒙古自身的区域特点和区域内过大的发展差距具有一定的典型性，通过政策支持帮助其探索出一条更加绿色包容的发展模式，对其他地区的发展具有重要借鉴意义。因此，在国家进行战略转型，实现更高质量发展

的新时期，有必要从战略的高度更加重视内蒙古的发展，给予更多的政策支持，进一步释放其发展潜力。

第二，加快推进一些重要基础设施项目的实施，改进内蒙古内部以及与其他地区的联通性，为内蒙古融入国家发展战略实现更高质量发展提供支撑。

考虑到内蒙古在全国的特殊区位和战略支撑作用，内蒙古自治区内部各盟市之间，以及与西部和华北等地区的分工合作、协同一体化发展的需要，建议将内蒙古地区的基础设施建设整体纳入全国基础设施网络体系之中，加快推进《西部大开发"十三五"规划》重大工程项目储备的立项和建设，重点包括三条线路：呼和浩特—包头—鄂尔多斯—西安方向，加快内蒙古与西部地区的西安、成渝城市群的连接；呼和浩特—乌兰察布—张家口—北京线，贯通内蒙古与京津冀、长三角和珠三角发达地区的连接；呼和浩特—乌兰察布—通辽—长春、沈阳线，加快内蒙古中东部与东北地区的连接。一方面改进内蒙古对内对外的连接性，为推动内蒙古自身结构转型，聚集发展所必需的要素提供必要的支撑；另一方面通过改进内蒙古与其他地区的连接性，在地区之间建立更有效的辐射与承接通道，形成分工合作、优势互补的一体化发展局面，提高国家整体资源的利用效率。同时，考虑到内蒙古地区生态环境脆弱，气候条件特殊，建设施工的季节性强，有必要在土地政策、项目审批、投资、财税等政策方面给予适度的扶持，保障其基础设施项目的建设进程。

第三，在国家层面构建区域发展平台，以"两带两区"的建设为重点，为内蒙古加快融入国家区域发展战略提供支点。

目前，制约内蒙古融入国家区域战略的重要因素之一，是内蒙古缺少国家层面的战略平台，作为其对接国家战略的契合点，既导致其不能充分发挥自身的资源优势，服务于国家战略，也不能很好地承接国家战略的辐射带动，自身发展受到制约。鉴于此，建议在国家层面，整合相关政策资源，在内蒙古既有的区域平台基础上，如呼包鄂榆城市群、沿黄经济带和满洲里、二连浩特开发开放试验区等，从国家区域整体分工体系和功能布局出发，着力推动“两带两区”的建设——以沿黄经济带和蒙东沿边、大兴安岭沿线地区为基础，建设国家层面的绿色能源产业带和生态文明建设的示范带；以呼包鄂榆城市群为载体，建设国家现代能源基地和先进材料制造研发产业集聚区，以乌兰察布、大同、张家口等京津一小时经济圈北部沿线城市为载体，建设国家大数据、云计算产业和现代物流产业集聚区，为内蒙古更高水平地融入国家区域战略提供政策抓手和联结的支点。

第四，加大对内蒙古稀土和其他优势领域的创新扶持力度，以共建协同创新共同体为依托，推动内蒙古区域内的资源创新优势与国家创新战略的有机融合。

稀土是世界公认的特殊战略资源，在传统产业升级、高新技术和军事领域中都具有至关重要的战略意义。内蒙古以包头稀土为核心，在相关资源和产业开发应用方面具备无法替代的优势。为此，我国应从国家战略的层面，在创新投入、高端人才引进、重要研发基础设施等方面给予内蒙古更多的资金、政策支持。可参照武汉东湖光谷高新区和中关村高新区的发展经验，将包头稀土高新区升级为国家专业特色领域的自主创新示范区，以其为平台来整合国内相关领域的创新资源，加快提升我国稀土及其衍生的稀土功能材料、复合材料、合金材料、粉体材料等先进功能材料的自主创新能力。内蒙古地广人稀、荒漠地和劳动力等要素成本相对较低，能源、航空、机械、军工等产业基础较好，特殊技术研发试验的风险可控度高等，国家应从新技术革命背景下加强关键核心技术领域创新的战略出发，充分借鉴国际经验（如space-X航天公司、法拉第电动汽车等都建在美国内华达州沙漠之中），通过国家重大研发项目的布局、差异化的产业扶持政策、特殊人才引进政策、地区导向性的土地利用政策等，鼓励支持内蒙古有条件的地区与北京、深圳、西安等创新资源富集的地区共建协同创新共同体，引导新能源、航空、高性能氢动力电池、永磁电机等领域的资本、人才高端要素向内蒙古聚集，真正融入国家新能源、新材料的产业链和创新链之中，促使内蒙古在相关技术的研发储备、产业应用等方面发挥更强的战略作用。

第五，完善相关区域政策，有效控制和缓解内蒙古在融入国家战略过程中潜在的区域性风险。

内蒙古融入国家区域发展战略，实际上也是国家区域分工深化，提高整体资源利用效率的过程。在此过程中，由于内蒙古特殊的区位条件和战略定位，要在生态环境、能源资源保障、食品安全等领域承担更重要的责任。在以新一代技术进步推动的区域功能重组中，内蒙古作为欠发达地区，难以与先发地区竞争，有可能在区域竞争中被路径锁定，承担更多的制造、分销等处在价值链中低端的功能，由此不仅会给该地区带来更严重的财政压力，还存在地方债务加大、生态环境恶化、陷入“贫困陷阱”、发展差距进一步扩大等潜在的区域性风险，需要国家调整完善相关的区域政策。加快建立与地区功能分工相适应的财税政策和利益平衡机制，适度提高中央政府对内蒙古财政能力的统筹平衡能力，防止该地区因功能分工的不断深化而出现财政恶化的情况。建立更有效的区域生态补偿、资源开发补偿机制，加大对内蒙古生态环境、交通、信息网络、公共服务、创新等基础设施建设的支持力度，为内蒙古实现更高质量发展创造更平等的机会和基础条件支撑。

（二）自治区层面

融入国家区域发展战略是内蒙古提高自身聚集资源要素的能力，获取发达地区和国家经济社会发展更多辐射效应，加快本地区更高质量发展的重要路径。这不仅需要国家政策的支持，更需要内蒙古立足本地区的功能定位和资源条件，以服务国家大局为基本出发点，摒弃狭隘的地方利益，更加开放、主动地融入国家发展大局之中。

第一，更高层面推进自治区空间发展的一体化布局，减少因地区间的同质化竞争抵消融入国家战略的整体效益。

如上文所述，内蒙古各盟市之间同质化竞争、复制式发展的问题仍较为突出。自治区需要充分借鉴其他地区的发展经验，加强自治区层面的统筹布局，积极探索区域分工合作机制，引导自治区内部的资源要素向更具有潜在优势的地区集聚，促进各盟市按照国家战略要求，加大对不同盟、市在国家战略中的发展定位、优势产业培育、产业发展边界条件等方面的协调力度，要有分工、有侧重、有所为、有所不为地对接融入国家区域战略，尽可能减少地区之间不必要的竞争和盲目布局、重复建设，使有限的资源能够更多地聚焦于各地区的潜在优势领域，形成更强的规模集聚效应。

第二，在融入国家重要区域发展战略的过程中，要理顺政府与市场的关系，政策重点转向营造更优越的发展生态上。

内蒙古在融入国家区域战略的过程中，涉及创新、产业、城市治理、生态环境、乡村振兴等多个层面、多个领域的问题。在此过程中，要转变发展观念和思路，理顺政府和市场的关系，不能单纯把融入国家战略作为本地区向国家争取项目、资金等支持的理由，而是要紧紧围绕内蒙古应当在国家战略中承担的功能定位，将政策重点转向营造更适宜于聚集优质发展要素的生态建设上。包括：统筹好各类人才队伍的建设，充分做好与新能源、先进材料、现代农牧业等优势产业发展相匹配的人才储备；针对新能源、先进材料、有机农牧产品等行业技术创新发展和新业态发展的内在需求，制定符合本地区特点的地域专属化战略和扶持政策，创造更有利的发展环境，为确保相关领域的投资回报提供更为坚实的基础。利用更先进的信息技术，创新区域治理模式，有效协调不同地区不同主体的利益需求，创造更加透明、公平和负责任的政府服务与监管环境，为新产业的成长、新技术的研发应用等构建更加包容、开放、自由的发展环境。加快在自治区层面推动更加一体化的发展规划，切实平衡好不同产业对空间区位的不同需求，提高产业发展与地区潜在优势的匹配度，为本地区的长远可持续发展留有更充足的空间。政府要积极发挥“平台作用”，以举办国际论坛、博览会等形式，促进本地区与其他地区的开放融合，进而融入国家战略之中。

第三，更加积极主动地加强与周边其他地区的沟通协调，消除政策壁垒，为更深层次、更高水平地融入国家区域战略奠定基础。

专栏5-1　美国的底特律和德国的斯图加特不同人才政策

两个城市曾经都是全球著名的汽车城。经过多年的发展，斯图加特仍然是欧洲最大、最密集、最有竞争力的汽车集群，而底特律转型失败破产。其中一个重要原因就是劳动力储备不够，制约了产业的转型。斯图加特在20世纪90年代就开始逐步拓展本地职业教育培养的专业范围，超越其核心产业，加大对生物技术、多媒体、环境技术、化工等方面的高技能劳动力职业培训，表面上与本地产业链无关，但实际上是处于行业的价值链体系之中的，为之后汽车产业的转型升级和其他新兴产业的发展都奠定了坚实的基础。应充分汲取国际经验和教训，加快建立高技能人才培养培训体系，构建分层分类的就业再教育培训体系。可借鉴国际经验，实施劳动力技能知识更新工程。

融入国家区域战略是要在更高层面推进本地区与其他地区的一体化发展，在更大空间范围内统筹资源要素的布局，改进资源配置效率。如果内蒙古与其他地区存在的各种形式壁垒不能及时消除，各种资源要素就不能顺畅流动，内蒙古的发展也就很难真正融入国家战略之中。长期如此，还会进一步导致内蒙古的发展被“孤立”，陷入发展困境。因此，内蒙古要想更深度地融入国家战略，就必须更加积极主动地加强与周边地区的沟通协调。借鉴长三角、珠三角一体化发展和京津冀协同发展的经验，探索建立更高效、更完善的区域协调发展机制。包括：加强招商引资、市场准入、基础设施布局等方面的政策协调，让各地区的市场能够彼此融合，形成与全国统一市场高度融合的一体化区域市场，从而提高区域内要素资源的整体配置效率。加强重大产业和基础设施项目的统筹协商机制，促进各地区在更广大的空间范围内实现合理的功能分工、优势互补与合作共赢。加强与周边地区在生态保护、环境治理等方面的合作，合力构筑一体化的生态安全体系，有效解决跨区域治理难题。

专题六

优化营商环境促进新旧动能转换高质量发展

一、内蒙古营商环境概况

营商环境是指伴随市场主体开展经济、社会活动整个过程的各种周围境况和条件的总称，也是企业经营决策无法规避的重要方面。尽管因发展阶段、国情有别而导致营商环境各异，但总的来说，各国、各地区政府大都比较重视营商环境的改善。

党的十八大以来，中国营商环境持续优化。从世界银行最新发布的《2019 年营商环境报告——强化培训，促进改革》来看，世界营商环境普遍改善，且中国的营商环境呈现出了加速改善的趋势。从 2005 年到 2018 年，中国的营商环境排名从世界第 91 名上升到了第 46 名。仅 2017 年到 2018 年，中国营商环境在全世界的排名就大幅提升了 32 位。

按照党的十九大和中央经济工作会议精神，改革创新体制机制，进一步优化营商环境，是建设现代化经济体系、促进高质量发展的重要基础，也是政府提供公共服务的重要内容。2018 年《政府工作报告》明确指出：“优化营商环境就是解放生产力、提高竞争力。”良好的

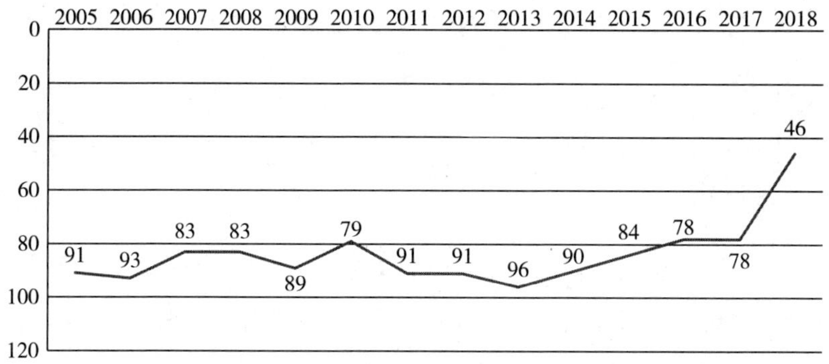

图6-1　中国营商环境全球排名变化情况

营商环境有利于吸引聚集发展要素，有利于激发各类市场活力和社会创造力。营商环境的好坏，直接决定了一个国家或地区经济运行的效率和发展的质量。因此，优化营商环境是激发经济新动能、推进经济高质量发展的重要抓手。在这一思想的指导下，国务院狠抓落实，把优化营商环境放到了工作的突出位置。

专栏6-1　　十九大以来国家优化营商环境主要目标

《国务院办公厅关于进一步压缩企业开办时间的意见》（国办发〔2018〕32号）

进一步简化企业从设立到具备一般性经营条件所必须办理的环节，压缩办理时间。2018年年底前，各直辖市、计划单列市、副省级城市和省会城市要将企业开办时间压缩一半以上，由目前平均20天减至8.5天（指工作日，下同）以内，其他地方也要积极压减企业开办时间，2019年上半年在全国实现上述目标。鼓励各地在立足本地实际、确保工作质量的前提下，进一步加大压缩企业开办时间工作力度。健全压缩企业开办时间工作长效机制和企业开办的制度规范，持续提升我国企业开办便利度。

《国务院办公厅关于开展工程建设项目审批制度改革试点的通知》（国办发〔2018〕33号）

2018年，试点地区建成工程建设项目审批制度框架和管理系统，按照规定的流程，审批时间压减一半以上，由目前平均200多个工作日压减至120个工作日。2019年，总结推广试点经验，在全国范围开展工程建设项目审批制度改革，上半年将审批时间压减至120个工作日，试点地区审批事项和时间进一步减少；地级及以上城市建成工程建设项目审批制度框架和管理系统。2020年，基本建成全国统一的工程建设项目审批和管理体系。

《优化口岸营商环境促进跨境贸易便利化工作方案的通知》（国发〔2018〕37号）

到2018年底，需在进出口环节验核的监管证件数量比2017年减少三分之一以上，除安全保密需要等特殊情况外，全部实现联网核查，整体通关时间压缩三分之一。到2020年底，相比2017年集装箱进出口环节合规成本降低一半。到2021年底，整体通关时间比2017年压缩一半，世界银行跨境贸易便利化指标排名提升30位，初步实现口岸治理体系和治理能力现代化，形成更有活力、更富效率、更加开放、更具便利的口岸营商环境。

《关于聚焦企业关切进一步推动优化营商环境政策落实的通知》（国办发〔2018〕104号）

以市场主体期待和需求为导向，围绕破解企业投资生产经营中的“堵点”“痛点”，加快打造市场化、法治化、国际化营商环境，增强企业发展信心和竞争力。

当前，内蒙古经济处在新旧动能转换的关键时期。能否转变发展方式实现高质量发展，关键之一在于营商环境是否优化。推动经济高质量发展，不仅需要持续改善基础设施等“硬环境”，更需要深化体制机制改革创新，进一步优化营商环境，在“软环境”上实现新的突破。这样才能通过集聚发展要素、激发市场活力和社会创造力激发经济新动能，从而加快新旧动能转换推动经济高质量发展。

内蒙古自治区党委、政府高度重视优化营商环境工作。2018 年 8 月 14 日，内蒙古自治区政府正式印发《内蒙古自治区优化营商环境工作实施方案》(内政发〔2018〕30 号)。该实施方案对标世界银行《营商环境报告》核心评价指标体系，围绕企业开办、建筑许可办理、水电气暖接入、不动产登记、获得信贷、纳税、跨境贸易和投资、降低企业运行成本等 8 个重点领域和薄弱环节，按照“精简环节、精简时间、精简费用、优化流程”原则，提出 8 个方面 30 项具体任务，明确了“争取经过 3 年左右的努力，使全区营商环境达到国内经济发达地区水平”的总目标。该实施方案的颁布实施，是内蒙古进一步改革创新体制机制、促进经济高质量发展的重要举措，标志着内蒙古优化营商环境工作进入了崭新阶段。

2018 年 10 月至 11 月，课题组在内蒙古调研的过程中也发现了霍林郭勒、赤峰等地开展优化营商环境工作的亮点。各地区政府部门在工作中都能结合“放管服”改革开展自身工作，并逐步意识到“放管服”改革对加快新旧动能转换推动经济高质量发展的重要意义。内蒙古在优化营商环境方面已经取得了显著的成绩。

二、内蒙古营商环境主要问题

（一）内蒙古营商环境在全国位次排名靠后

根据粤港澳大湾区研究院发布的《2018 年中国城市营商环境评价报告》，对包括呼和浩特在内的全国 35 座主要大中城市的营商环境进行了评价，并分别评定了营商环境指数。其中深圳、上海、广州的营商环境指数分别为 0.611、0.524、0.512，位列前三。呼和浩特的营商环境指数仅为 0.255，位列第 33 名。根据普华永道、中国联合数联铭品、财新智库和新经济发展研究院发布的《2018 中国城市营商环境质量报告》，从 4 个方面、8 个维度的 30 个细分指标对全国 GDP 排名前 80 的城市的营商环境质量进行了分析。报告所涉及的城市来自 25 个省区市，包括了内蒙古的呼和浩特、鄂尔多斯、包头三市。在所公布的营商环境质量指数排名前 30 的城市中，深圳、北京、上海位列前三，而内蒙古与河北、山西一道没有城市上榜。从这份报告中可以看出，内蒙古主要城市的营商环境与经济发达城市存在较大差距。

（二）建立法治化、市场化、国际化营商环境还有较大差距

根据课题组的随机问卷调查，企业对内蒙古营商环境的总体满意度还不高。虽然近年来内蒙古出台了一些有利于企业经营和改善营商环境的政策措施，营商环境有所改善，但地区间营商环境存在较大差距，发展不平衡不充分；政府服务企业发展的能力不足，交通基础设施和生活服务设施配套不完善；部分地方政府对企业优惠政策落实不到位，政府诚信建设有待加强；公平竞争环境需要不断完善，法治政府建设有待强化；完善市场化体制机制，“放管服”改革推进有待深化。

三、优化内蒙古营商环境思路

（一）提升政府服务能力，建设诚信政府

加大推进产业园区基础设施和公共服务配套建设。完善水、电、路等基础设施。严格落实国家环保和去产能的政策措施，防止“一刀切”“一关了事”，保护合法合规企业权益。深入落实贯彻习近平总书记在民营企业座谈会上的重要讲话精神，纠正一些政府部门、大企业利用优势地位以大欺小、拖欠民营企业款项的行为，由自治区政府责成有关部门牵头清查政府拖欠企业款项，并将软环境建设工作纳入政府绩效考核和领导班子综合评价体系。

（二）大力营造法治化、市场化、国际化营商环境

习近平总书记在2018年11月1日举行的民营企业座谈会上重申了我国要“毫不动摇地巩固和发展公有制经济”，“毫不动摇地鼓励、支持和引导非公有制经济发展”，充分肯定了民营经济的重要地位和作用，并强调要大力支持民营企业发展壮大。李克强总理反复强调“政府要严守承诺，不能新官不理旧账、对企业不公平对待或搞地方保护。保障不同所有制企业在资质许可、政府采购、科技项目、标准制定等方面公平待遇，坚决查处滥用行政权力排除和限制竞争的行为”。面对党中央、国务院优化营商环境的决心，内蒙古应全力打造公平竞争的营商环境高地，吸引聚集发展要素、激发各类市场活力和社会创造力，争取在区域竞争中占据有利位置。

要深入推进全面依法治国，深刻认识到法治固根本、稳预期、利长远的作用，把建立公平的司法环境作为改善营商环境的重要抓手和

重要保障。深入推进“放管服”改革，加快转变政府职能，有效约束政府行为，预防政府行为对市场竞争形成不当影响。要深入落实、严格执行公平竞争审查制度，完善各项制度保障，加强顶层设计和部门间统筹协调，为各类市场主体发展营造良好营商环境。

（三）积极借鉴其他省份经验

他山之石，可以攻玉。学习其他地区尤其是与内蒙古相邻地区的经验，可以帮助内蒙古更好地认识自身的优点和不足，从而促进优化营商环境工作的开展。例如辽宁、吉林、黑龙江三省面对近年来社会上流传的“投资不过山海关”的说法，痛定思痛，把优化营商环境作为工作的重中之重，逐渐开始取得成效。在这一轮机构改革中，三省都设立了专门的优化营商环境机构。山西等省份也大力优化营商环境，获得了国务院的认可。

专栏6–2 相邻省份改善营商环境经验

吉林　吉林设立了软环境建设办公室，将软环境建设工作纳入政府绩效考核和领导班子综合评价体系。2017年，吉林省共清查政府拖欠企业款项77.6亿，要求各政府单位制定还款计划，三年内全部还清。

辽宁　辽宁沈阳将工程建设项目审批流程划分为几个阶段，每个审批阶段确定一家牵头部门，实行“一家牵头、并联审批、限时办结”，由牵头部门组织协调相关部门严格按照限定时间完成审批。

山西　山西开展企业投资项目承诺制改革试点。备案类企业投资项目报建阶段的28项审批事项中，7项政府承诺供地前服务；3项由政府、企业双向承诺，政府承诺在供地前完成相关服务，企业根据相关标准做出具有法律效力的书面承诺；3项开工前由企业做出信用承诺即可；3项转为政府内部审批流转；12项要求企业开工前完成。目前，全省试点项目260个，项目落地周期缩短三分之一以上。

良好的营商环境不仅有利于吸引聚集发展要素、有利于激发各类市场活力和社会创造力，更能有效地支撑一个国家或地区经济高效运行和高质量发展。优化营商环境就是解放生产力、提高竞争力。在我国经济已由高速增长阶段转向高质量发展阶段的时代背景下，内蒙古更应该以优化营商环境为抓手加快新旧动能转换推进经济高质量发展，以新时代的高昂精神状态不断前进！

专题七

内蒙古人力资源建设研究

现代经济增长理论表明，以人才为代表的优质人力资本是增长的重要源泉，是提升全要素生产率的重要依托。对内蒙古自治区而言，人才显然是实现新旧动能转换、促进高质量发展的基础和必要条件。本报告在分析内蒙古自治区及各盟市人才数量和分布变化的基础上，探讨自治区人才培养现状及问题，并梳理人才政策体系的特点和短板，进而提出相关政策建议。

一、内蒙古人才数量、分布和演变

（一）内蒙古人才数量及构成情况

在人类社会发展进程中，人才是社会文明进步、人民富裕幸福、国家繁荣昌盛的重要推动力量。《国家中长期人才发展规划纲要（2010—2020年）》将人才定义为“具有一定的专业知识或专门技能，进行创造性劳动并对社会做出贡献的人，是人力资源中能力和素质较高的劳动者”，并将人才分为党政人才、企业经营管理人才、专业技术人才、高技能人才、农村实用人才、社会工作人才等六大类型（本报告简称为“六支人才队伍”）。

内蒙古自治区相关部门提供的数据显示，2016年内蒙古自治区“六支人才队伍”共拥有人才238.6万人，约占自治区总人口数的9.47%。其中，党政人才（含参公单位）20.6万人、企业经营管理人才38万人、专业技术人才96万人、高技能人才56万人、农村牧区实用人才20万人、社会工作人才8万人（图7–1所示）。从构成比例看，专业技术人才占比最高，超过了40%，高技能人才和企业经营管理人才则分别占24%和16%，农村牧区实用人才和社会工作人才占比相对少，分别只有8%和3%（图7–2所示）。从振兴乡村、创新社会治理的角度考虑，农村牧区实用人才和社会工作人才有进一步充实、强化的必要。

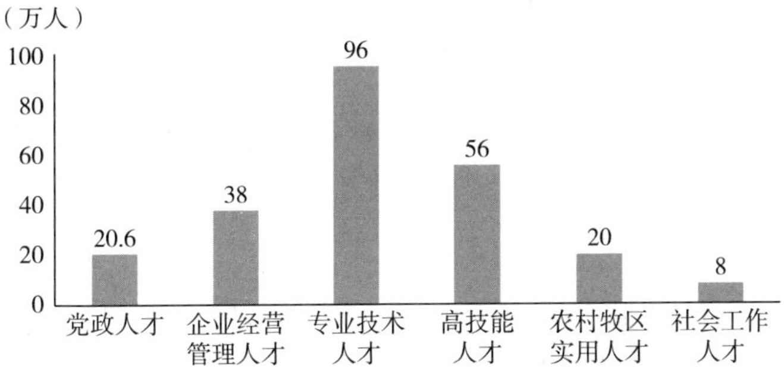

图7-1　2016年内蒙古“六支人才队伍”数量分布

数据来源：内蒙古自治区组织部、人力资源社会保障厅。图7–2至图7–4同，不再注明。

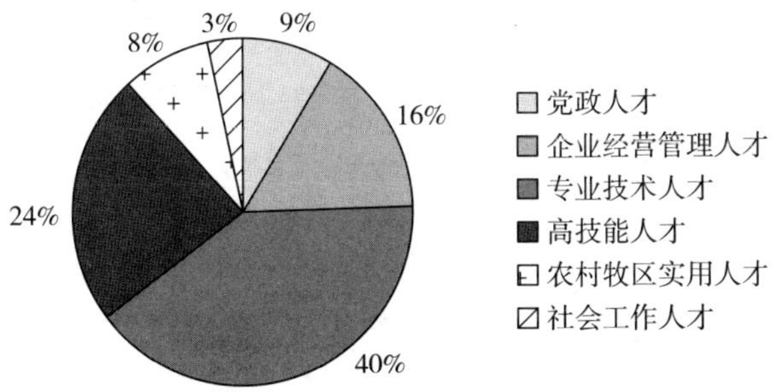

图7-2　2016年内蒙古“六支人才队伍”构成情况

从高层次创新创业人才看，截至2017年底，内蒙古自治区拥有两院院士1人、国家“千人计划”14人、国家“万人计划”25人、“长江学者”特聘教授4人、“国家百千万人才工程”入选者38人、“中华技能大奖”12人和“全国技术能手”荣誉称号92人（图7–3所示），另有国务院政府特贴专家1408人。共拥有各类国家级人才称号人才1600人。

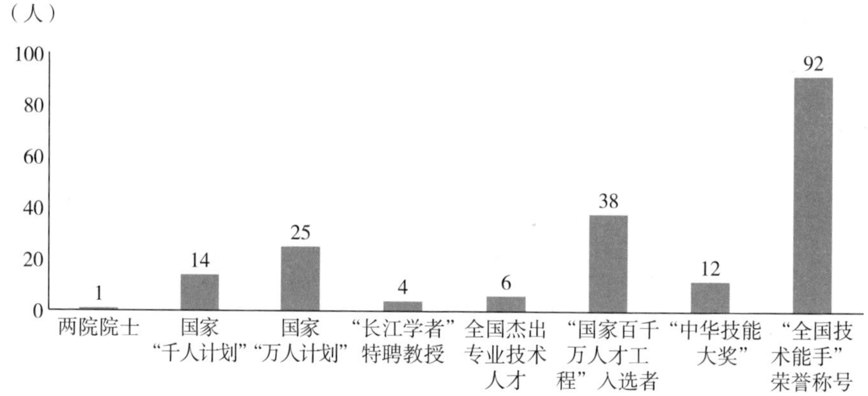

图7-3 2017年内蒙古国家级人才数量情况

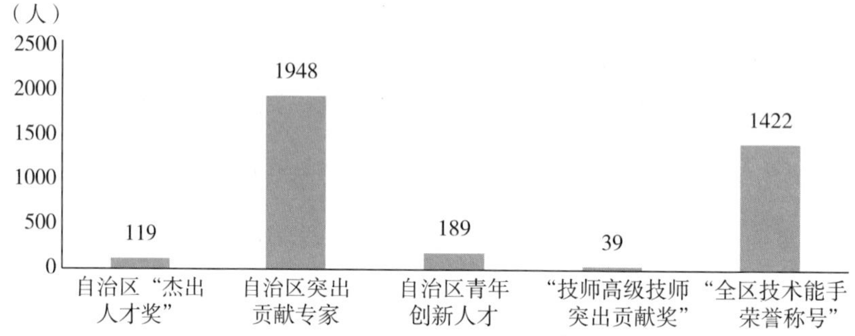

图7-4 2017年内蒙古自治区级人才数量情况

在自治区层面，2017年底共拥有自治区级各类人才3717名。其中，“杰出人才奖”119人、突贡专家1948人、青年创新人才189人、“技师高级技师突出贡献奖”39人、“全区技术能手”荣誉称号1422人。总体来看，2017年底内蒙古自治区拥有国家级、自治区级各类人才

5300 多名，约占自治区总人口的 0.02%。尽管十八大以来，自治区政府很重视人才培养问题（累计培训专业技术人才 1.2 万余人次、新增高技能人才 24.56 万人），但目前内蒙古无论是人才总量还是高层次创新创业人才比例，离实现新旧动能转换、促进高质量发展的迫切需要还有一定差距，亟须加大人才引进和培养力度，破解人才发展瓶颈。

（二）内蒙古各盟市人才数量、分布及演变

鉴于各盟市人才专项统计资料不完备的事实，本报告结合相关文献及《国家中长期人才发展规划纲要（2010—2020 年）》的做法，将具有大学专科及以上受教育程度的劳动者视为人才。这是因为，大学专科及以上的教育会教授特定的专业知识或专门技能，社会上也普遍认为接受过大学教育的人是能力和素质较高的群体。从第六次人口普查数据来看，2010 年我国 15 ~ 64 岁的劳动年龄人口中，大专及以上受教育程度者已达 1.14 亿人，与规划文本中的数据契合。综上可知，将具有大学专科及以上受教育程度的劳动者视为人才，不仅便于统计分析，也同国家中长期人才规划的定义和数据相一致。

由于只有人口普查才能获得全部人口和劳动者的受教育程度信息，因此本报告利用内蒙古自治区 2000 年第五次人口普查数据和 2010 年第六次人口普查数据，分析各盟市的人才状况。

利用第五、第六次人口普查数据的分析表明，内蒙古自治区的人才主要集中在呼和浩特、包头、赤峰、呼伦贝尔等地，这些盟市集聚了自治区的大部分人才。2000 年，内蒙古自治区人才数量最多的 5 个盟市由高到低依次为呼和浩特（216429 名）、包头（141663 名）、赤峰（107601 名）、呼伦贝尔（98235 名）和通辽（77360 名），它们聚集了内蒙古自治区 72.06% 的人才；2010 年，内蒙古自治区聚集

人才最多的5个盟市由高到低依次为呼和浩特（598024名）、包头（372588名）、赤峰（298583名）、呼伦贝尔（234850名）和鄂尔多斯（226200名），它们集聚了自治区68.59%的人才。

尽管各盟市人才的绝对数量都在增加，但大专及以上学历人才在各盟市的分布反映出，2000～2010年间内蒙古自治区人才在各盟市的分布趋向于分散化。具体而言，人才数量最多的5个盟市占自治区人才总量的比重由2000年的72.06%下降到2010年的68.59%，而且，除了鄂尔多斯、锡林郭勒、乌兰察布和阿拉善盟人才数量占自治区的比重在上升外，其他盟市人才数量占自治区的比重都在下降。人才数量占比上升最明显的是鄂尔多斯，其人才总量占自治区的比重由2000年的5.62%上升到2010年的8.97%，提高了3.35个百分点。阿拉善盟的人才数量占比上升，主要是因为其原来的基数太小，2000年该盟人才总量仅为11830名，占自治区比重1.33%，2010年该盟人才总量增加到了38505名，占自治区的比重则提升到了1.53%，只提高了0.2个百分点。

人才占比下降幅度比较大的是呼伦贝尔、包头、通辽、呼和浩特，它们的占比在2000～2010年间分别下降了1.73%、1.15%、0.66%和0.62%。总之，内蒙古自治区人才在各盟市的分布有进一步分散化的趋势。对局部地区而言，这可能不利于经济社会发展，但对内蒙古自治区整体来说，人才分布在地理空间上的分散化能够促进人力资本均衡，有利于区域协调发展。

二、内蒙古人才培养现状及问题

人才培养是提高人才质量的有效途径，而教育是人才培养中最重要的一环，人才培养主要聚焦高等教育和职业教育。高等教育发展水平是一个国家发展水平和发展潜力的重要标志，世界各国都把培养人才作为增强综合国力的战略举措。职业教育是国民教育体系和人力资源开发的重要组成部分，肩负着培养多样化人才、传承技术技能、促进就业创业的重要职责。中国是人口大国，要从人口大国迈向人才强国，实现中华民族伟大复兴，教育及培训的地位和作用不可忽视。

（一）内蒙古高等教育和人才培养现状及问题

1. 内蒙古高等教育发展现状

高等教育是一个地区高层次人才供给的主要来源。数据显示，内蒙古自治区现有普通高等学校 53 所，其中，本科院校 17 所，高职高专 36 所。从分布看，高等教育资源过于集中在呼和浩特市，呼和浩特市的本科大学数量占到了全区的 58.82%，高职高专则占 41.67%，其他盟市高等教育资源奇缺（图 7–5 所示）。

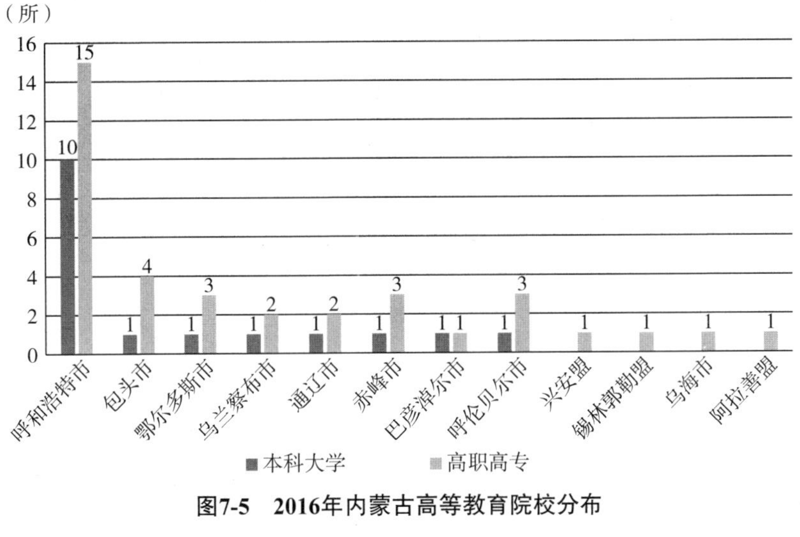

图7-5　2016年内蒙古高等教育院校分布

数据来源：内蒙古自治区教育厅。

普通高等学校在校生数表明，2008年以来内蒙古自治区普通高等学校在校生数不断增加，2016年为43.67万人。其中，普通高等学校本科在校生数平稳增长，2016年为24.65万人，占比56.45%；普通高等学校专科在校生数自2009年开始下降，在2013年达到极低值后开始增长，2016年为19.02万人，占比43.55%（图7-6所示）。2014年国务院印发的《关于加快发展现代职业教育的决定》（以下简称《决定》）指示，到2020年高等职业教育规模占高等教育的比重一半以上，教育结构规模要更加合理。如果内蒙古这三项招生数保持2014～2016年的增长速度，到2020年，普通高等学校专科在校生数占比将达不到《决定》的要求。

图7-6　2008～2016年内蒙古高等学校在校学生数

数据来源：国家统计局。

尽管2008～2016年内蒙古自治区高等学校在校学生数保持整体平稳增长，但每十万人口中普通高等学校在校生数在2014年达到极高值之后，呈现明显下降趋势（图7-7所示）。

到了2016年，内蒙古自治区每十万人口中普通高等学校在校生数只有 1937 人，在 31 个省级行政区中排在第 27 位，仅略强于云南、新疆、西藏和青海（图 7–8 所示），属于高等教育阶段人才供给较差的落后地区。

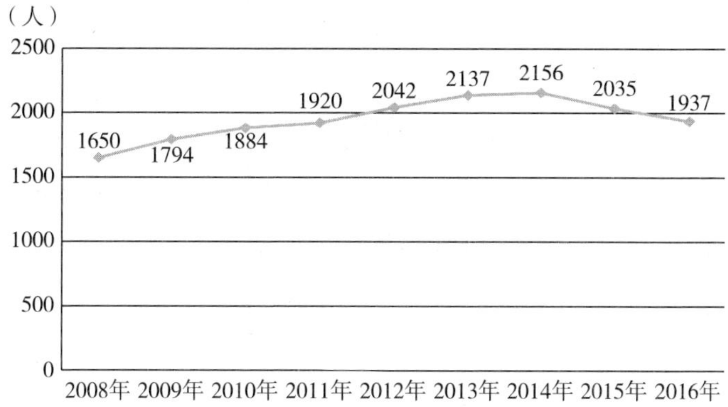

图7-7 内蒙古每十万人口高等学校平均在校生数

数据来源：国家统计局。图7–8同，不再注明。

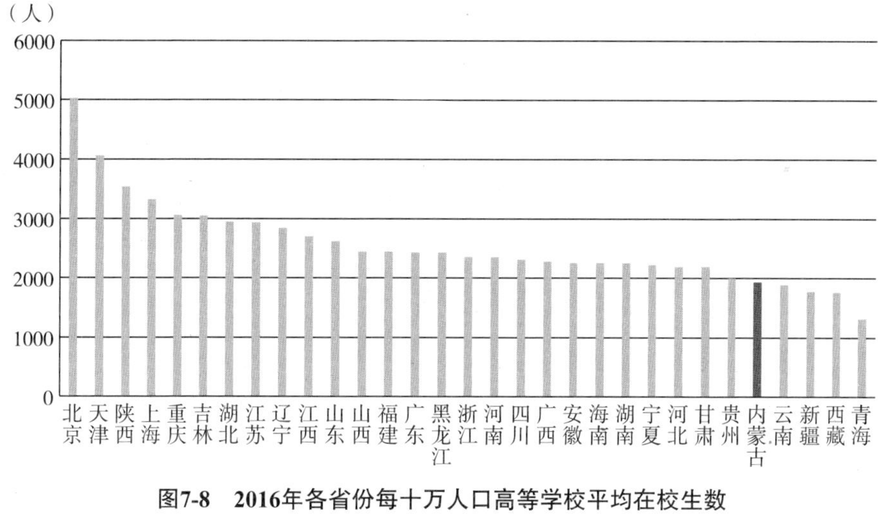

图7-8 2016年各省份每十万人口高等学校平均在校生数

2. 各盟市人才队伍建设存在的问题

2018 年 10 ~ 11 月，我们集中调研了内蒙古自治区呼和浩特、包头、鄂尔多斯、乌兰察布、通辽、赤峰、呼伦贝尔等盟市的政府和企业，以弥补统计数据的不足。调研得到的综合情况是，大多数盟市缺乏高层次人才，尤其缺乏高端技术人才、管理人才和科技创新人才。不仅如此，虽有大批量高校毕业生涌向社会，但合适的就业岗位少；城乡劳动力资源流失，特别是农村牧区人口流失严重；研发人才少，企业跟地方高校合作不足，大学和科研部门的科研成果跟当地产业情况关联度低。

分地区看，鄂尔多斯调研得到的综合情况是，创新型人才严重不足，企业科技创新能力薄弱，全市规模以上工业企业中近 90% 企业无研发活动；人才工作体制机制不完善，吸纳和承载能力不强，高层次人才占全市人才比重仅为 10%；科技人才激励机制不完善；大专院校数量少，承载高端人才的能力不足。

包头市的企业反映，高端技术人才和管理人才短缺，面临比较严峻的人才流失问题，由于待遇工资限制，培养的人才容易被挖走；技术人才年龄结构偏大，生产一线的工作环境不易吸引年轻人才；教育医疗等基础设施不够完善，难以吸引人才。

乌兰察布市的企业反映，技术人员短缺，长时间培养的技术人才被挖走，主要缺乏电工焊工、家具产业工人及其他技术人员；产教融合不足，企业需要的人才与内蒙古高等院校的专业方向不一致。对此，甚至有企业家（三爱富万豪氟化工有限公司）明确提出企业有意愿出资成立氟化工领域的高职高专。

通辽市的调研表明，人才大多集中在事业单位，企业、生产一线的高技能人才短缺；畜牧业养殖相关技术人员数量不足，老龄化严重，知识不足，有效服务人员只有 70%；霍林河地区的人才改革试验区效果不明显；县级区域吸引人才难度大，县域企业迫切需要高端人才。

赤峰市政府反映，赤峰人口流失严重，外出打工人口多。据统计，近期赤峰需引进高层次人才 297 人，到 2020 年围绕重点领域全市需培养和引进急需人才 2 万人，人才缺口较大。

满洲里当地企业反映，当地本科学校只有内蒙古大学的二级学院，人才供给的基地比较薄弱。尤其缺乏电子商务人才和软硬件工程师。外地柔性招募的技术人员容易流失，主要是因为夏季航班多、价钱贵，冬季价钱便宜但航班少的交通问题。

锡林浩特的调研表明，当地引进科技人才比较困难，企业人员流动性大，招工困难，普通人员和技术人才都缺乏。

二连浩特政府反映，公路口岸货运通道智能卡口缺乏人才。内蒙古师范大学二连浩特国际学院具有国家重要战略意义，但由于财政限制，无法扩大招收留学生规模。当地企业则普遍反映招工难，当地缺乏人才储备。而且存在政府信用问题，政府允诺企业参与网络招聘后返补贴，但事后不兑现承诺。

综合上文论述，可得出以下结论：①内蒙古自治区高等教育资源过于集中在呼和浩特，其他盟市高等教育资源奇缺；高职高专数量不足，高等教育结构规模不够完善。②产教融合不足，普通高等学校专业设置与就业需求不一致。具体表现为，大批量大学生毕业就业难，同时自治区创新型人才严重不足，缺乏高端技术人才、管理人才和技术工人。现有研发体系跟当地产业关联度低，而具有良好发展前景的产业科研人才不足。③人才外流严重。主要表现为：高等教育人才外流；城乡劳动力资源流失，特别是农村牧区人才流失严重；人才工作机制体制不完善，吸纳和承载能力还不强，高层次人才占比少；现有技术人才老龄化严重。④大多数地区教育、医疗等基本公共服务落后，“宜居宜业”程度差，对人才缺乏吸引力。⑤需从国家战略意义层面支持内蒙古中外合作办学事业。例如，内蒙古师范大学二连浩特国际学院需要国家加大财政支持力度，增加留学生奖金人数。⑥人才多集中在事业单位，企业人才缺乏，民营企业对人才吸引力不足，存在人才配置不合理问题。

（二）内蒙古职业教育和培训发展现状及问题

职业教育是培养技能型人才的主要途径。其中，中等职业教育是基础技能型人才的重要载体。从数量上看，0 ~ 16 岁人口数下降导致初中毕业生数在 2012 年达到峰值之后逐年下降，与此对应，中等职业学校招生数也在逐年下降，计算得到中等职业学校招生占初中毕业生比重从 2011 年到 2013 年持续下降，到 2014 年短暂回升之后，2015 年、2016 年继续下降（表 7–1 所示）。与此同时，从 2011 年起，普通高中招生数在 2012 年达到峰值之后保持下降趋势，计算得到普通高中招生占初中毕业生比重除在 2014 年达到极高值，其余年份保持平稳波动（表 7–2 所示）。

表7-1　　内蒙古2011年以来中等职业学校招生数和初中毕业生数

年份	中等职业学校招生数（万人）	初中毕业生数（万人）	中等职业学校招生占初中毕业生比重（%）
2011年	10.59	26.00	40.73
2012年	9.60	26.33	36.46
2013年	8.39	24.94	33.64
2014年	8.24	22.76	36.20
2015年	7.62	22.24	34.26
2016年	7.18	21.97	32.68

数据来源：国家统计局。表7–2同，不再注明。

由于初中毕业生是中等职业学校的主要生源，近年来随着初中毕业生规模下降，中等职业学校招生规模的下降幅度要大于普通高中招生规模上升的幅度（图 7–9 所示）。进而可以认为，近年来内蒙古自治区中等职业教育规模下降，发展缓慢，为社会提供的基础技能型人才数量日益不足。内蒙古自治区每十万人口中等职业学校平均在校学生数在2010年前为上升趋势，2010年后保持下降趋势（图7–10所示）。2016年全国31个省（直辖市、自治区）中，每十万人口中等职业学校平均在校学生数，内蒙古自治区排在第23位（图7–11所示），属于中等职业学校招生规模较差的地区，中等职业教育增量也相对落后。

表7-2　　内蒙古2011年以来普通高中招生数和初中毕业生数

年份	普通高中招生数（万人）	初中毕业生数（万人）	普通高中招生占初中毕业生比重（%）
2011年	16.97	26.00	65.27
2012年	17.17	26.33	65.21
2013年	16.42	24.94	65.84
2014年	15.53	22.76	68.23
2015年	14.84	22.24	66.73
2016年	14.70	21.97	66.91

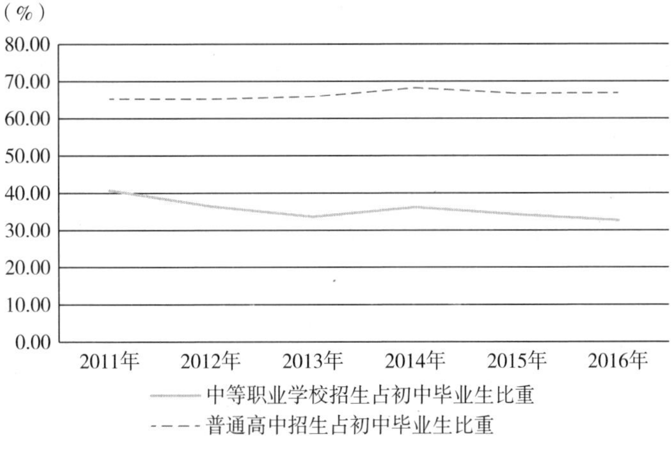

图7-9　内蒙古中等职业学校及普通高中招生占初中毕业生比重

数据来源：国家统计局。图7–9、图7–10同，不再注明。

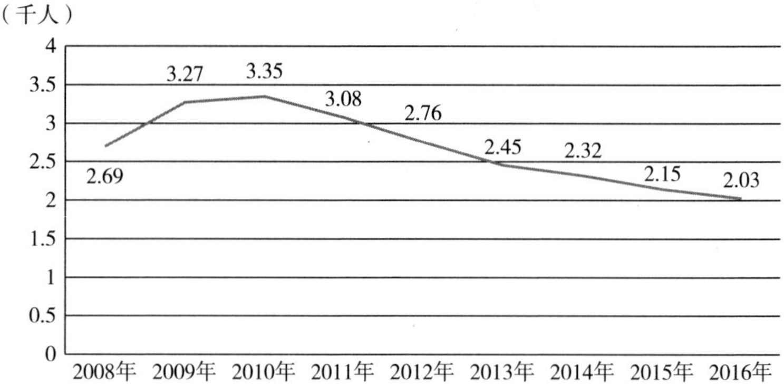

图7-10　内蒙古每十万人口中等职业学校平均在校学生数

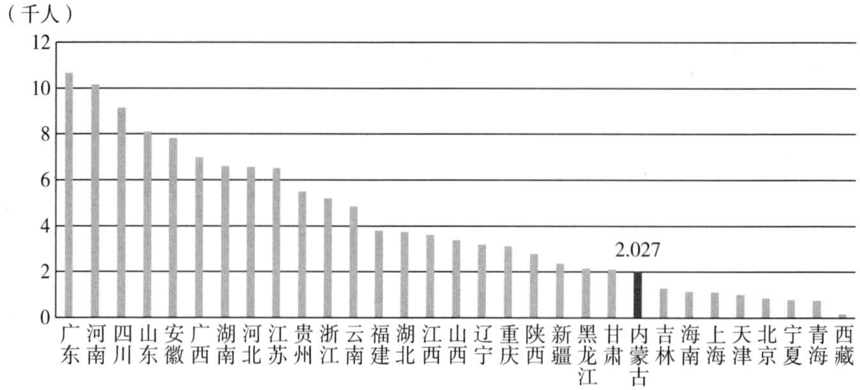

图7-11　2016年各省份每十万人口中等职业学校平均在校学生数

另外，毕业后是否获得职业资格证书与中等职业学校的教育质量有直接关系。中等职业学校获得职业资格证书毕业生占全体毕业生的比重更是教育质量的直观体现。从2008年到2016年，内蒙古自治区中等职业学校获得职业资格证书毕业生占全体毕业生的比重呈现剧烈波动（图7–12所示）。2013年，该比重提高了二十余个百分点，此后几年的波动幅度大致维持在6个百分点，未呈现出稳定上升的趋势，说明内蒙古自治区中等职业教育质量仍处于欠稳定的发展阶段。

2016年，全国31个省份中等职业学校获得职业资格证书毕业生占中等职业学校毕业生比重的平均值为75.97%，内蒙古自治区为

73.37%（图 7–13 所示），略低于全国平均水平，排在第 21 位。全国 31 个省份中有 15 个省份该比重高于 80%。这一切说明内蒙古自治区的中等职业教育质量仍需提高。

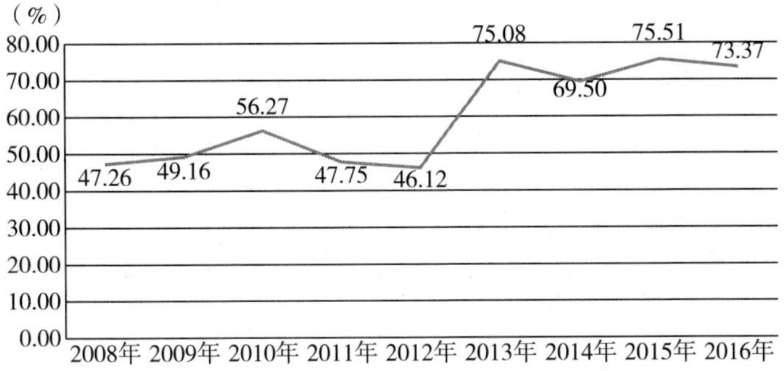

图7-12　中等职业学校获得职业资格证书毕业生占全体毕业生比重

数据来源：国家统计局。图7–13同，不再注明。

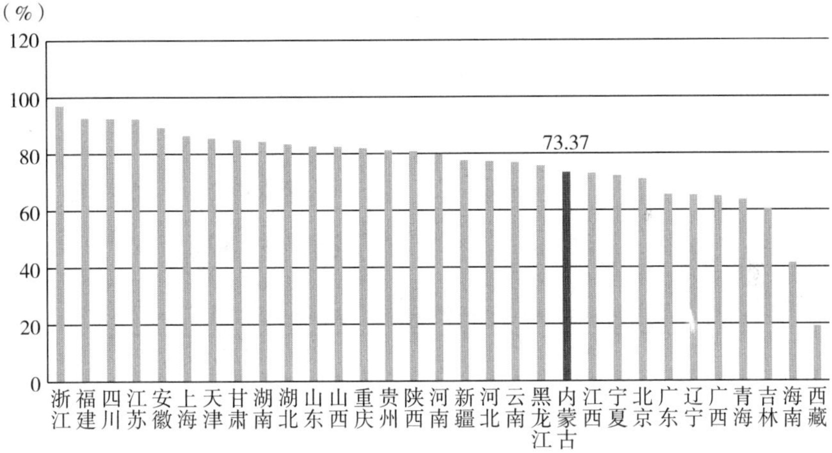

图7-13　中等职业学校获得职业资格证书毕业生占中等职业学校毕业生比重

在职培训也是人力资源建设的重要方面。除企事业单位自主提供的内部员工职业培训外，社会力量主办的短期、中期职业培训是面向社会各界人士的普惠性培训资源。其中，民营人力资源服务机构是提供职业培训的主要社会力量。

数据显示，内蒙古自治区的民营人力资源服务机构主要集中在呼和浩特市，包头、赤峰、巴彦淖尔的人力资源服务机构数量则为第二梯队，鄂尔多斯、乌兰察布、通辽、呼伦贝尔、兴安、乌海、阿拉善和锡林郭勒的人力资源服务机构数量极少（表 7–3 所示），难以承载优质在职培训。值得重视的是，近些年来多数盟市的民营人力资源服务机构有减少趋势。例如，2013 ～ 2016 年呼和浩特民营人力资源服务机构年检合格的单位数从 45 家减少到了 26 家，减少了大约一半。背后的原因值得深究。

总体而言，内蒙古自治区人力资源服务业发展滞后，与新旧动能转换、高质量发展的要求不相称。大多数盟市面临着人力资源服务机构数量偏少、现有从业人员文化程度不高，难以有效提供职业技能培训、人才素质测评和其他人力资源服务的困境。此外，我们的实地调研还显示，在基础技术人员方面，部分地区一线员工缺乏职业精神和职业素养，突出表现为：一线岗位难以吸引年轻员工；一线员工上不了夜班（如锡林郭勒）；不少蒙古族员工拿到工资立即旷工消费，直至消耗殆尽再返回用工单位，周而复始。这些都预示着，职业教育和培训在传授相关技术知识的同时，也应注重职业精神和职业素质的培养。

表7-3　　内蒙古自治区人力资源服务机构年检合格单位数（个）

所属盟市	2013年	2014年	2015年	2016年
自治区直属	12	17	15	15
呼和浩特	45	36	43	26
包头	20	21	21	14
鄂尔多斯	2	0	0	1
乌兰察布	6	3	3	2
赤峰	17	19	19	16
通辽	2	0	0	3
呼伦贝尔	2	3	3	2
巴彦淖尔	13	11	11	9
兴安	0	0	0	2
乌海	1	1	1	1

续表

所属盟市	2013年	2014年	2015年	2016年
阿拉善	1	4	4	4
锡林郭勒	0	1	1	0

数据来源：内蒙古自治区人力资源和社会保障厅。

三、内蒙古人才支撑政策比较分析

（一）内蒙古自治区及各盟市人才政策出台情况

近年来，内蒙古自治区针对人才工作存在的问题制定了一系列政策，先后制定出台了《自治区中长期人才发展规划纲要（2010—2020年）》《深化人才发展体制机制改革的实施意见》《人才引进和流动实施办法》《深化职称制度改革的实施意见》和《加强基层专业技术人才队伍建设的意见》，重点实施了“草原英才”工程、“人才强区”工程、“511人才培养”和“新世纪321人才”工程，开展了“鸿雁行动”“广纳英才·智慧草原”等活动。人才政策出台频率相对密集，这表明自治区政府越来越重视人才问题，具有人才发展意识。各盟市也出台了相应的人才政策，其中，鄂尔多斯、通辽、赤峰出台人才政策的时期较早、频次较高，相对全面，而乌兰察布、满洲里、锡林郭勒出台人才政策的时期较晚，大都是近两年才集中发力。

（二）代表性地区人才政策概要

内蒙古自治区位于北部边疆，与经济发达地区相比，自治区工资薪酬水平较低、交通设施不发达、医疗设施等生活环境不够完善，对高端人才的吸引能力有限。除去地理天气等无法改变的自然条件以及资金财政不足、基础设施不够完善等短期无法改善的因素外，自治区政府应制定更优化的人才政策以达到服务新旧动能转换、促进高质量发展的目的，需注重借鉴全国其他省份人才支持政策的宝贵经验。表 7–4 至表 7–7 列示了广东省、山东省、杭州市和武汉市的人才政策概要，这里不再赘述。

表7-4　　广东省人才政策概要

政策名称	工作重点	具体措施
《协同推进科技创新人才发展行动方案》	充分发挥全省人力资源社会保障部门、全省科技主管部门各自优势，共同服务科技创新人才	在推进博士和博士后倍增、科技创新人才引进、院士创新引领、基础与应用基础研究人才培养、产业技术创新人才培养、粤港澳和国际科技创新交流合作、科技创新人才成果转化、创新人才发展环境优化等八个方面展开重点战略合作
《关于加快新时代博士和博士后人才创新发展的若干意见》	①全国首创建立博士工作站 ②建立博士和博士后事业编制保障制度扶持机制创新 ③建立博士和博士后职称评审绿色通道 ④健全企事业单位工资激励机制 ⑤设立博士和博士后创新创业基金	在博士比较集中的高等院校、科研机构、三甲医院、规模以上企业创建博士工作站，发挥“蓄水池”功能，吸纳集聚博士和博士后，促进产学研合作，帮助我省中小型科技企业解决科技攻关、加快成果转化。 预留一定数量的事业编制，专门用于保障博士毕业生和博士后人才的引进、培养、流动所需编制，省、市人力资源社会保障部门和省行业主管部门应设立博士和博士后管理办公室，落实人员编制经费。 聚焦均衡发展，强化人才向粤东西北流动的政策导向，对引进到粤东西北地区的博士和博士后人才予以倾斜，在资金资助上省财政给予大力支持，在科研、职称评审上给予特殊优惠。 博士毕业生和在站博士后可直接申报副高以上职称，粤东西北地区工作成绩突出的博士和博士后更可直接认定为副高或正高职称。 对博士和博士后比较集中的企事业单位，在核定工资总量和绩效工资分配方面予以倾斜。 激励引导博士和博士后人才流向企业一线
《关于创建高水平技师学院的意见》	5年内建设10所全国一流、国际知名高水平技师学院	广东技师学院的高技能领军人才首次可享年薪制。高技能领军人才包括中华技能大奖、全国技术能手、南粤技术能手、广东省技术能手、省领军人才、省青年拔尖人才、世赛优胜奖以上获得者等，广东将支持学校自主制定招聘或解聘条件和标准，自主公开招聘人才；支持学校自主开发、设置和调整专业，自主编制人才培养方案；支持学校在编制范围内自主制定岗位设置方案和管理办法

资料来源：根据公开资料整理。表7–5、表7–6、表7–7同，不再注明。

表7-5　山东省人才政策概要

政策名称	工作重点	具体措施
《山东省新旧动能转换重大工程实施规划》	①完善人才培养机制 ②创新人才引进模式 ③强化人才激励政策	积极推进世界一流大学和一流学科建设，争取国家支持建设中国康复大学、中国能源大学，加快齐鲁工业大学、齐鲁医科大学建设。实施新工科优先发展计划，增设面向新经济、新产业的学科专业，建设新型高端智库，造就一大批战略科技人才、科技领军人才、青年科技人才和高水平创新团队。鼓励本科高校、职业院校（含技工院校）和培训机构开展技术技能培训、创业创新培训，建设职业教育创新发展试验区，筹建山东创业大学。传承弘扬劳模精神、工匠精神，打造知识型、技能型、创新型劳动者大军。大力倡导企业家精神，依法保护企业家的创新收益和财产权，培养造就具有战略思维、国际视野和勇于创新的企业家和经营管理人才队伍。 建立符合国际规则和惯例的引才机制和服务模式，研究制定加快推进人才国际化的意见。加大柔性引才力度，支持外籍高层次人才和急需紧缺人才来鲁工作、创新创业，提供高效便捷的人才签证、工作许可审批服务。支持国内外高校、科研机构在山东设立新型研发机构和中试基地，打造一批省博士后创新实践基地、专家服务基地和留学人员创业园，引进培育“两院”院士、“千人计划”“万人计划”“泰山学者”“泰山产业领军人才”等高层次人才。推进落实离岸创新人才使用办法，加强与科研院所、高等院校和企业的对外交流合作，设立海外研发机构。发展专业性、行业性人才市场，放宽人力资源服务业准入限制。完善社会保险关系转移接续办法，畅通人才在机关、事业单位、企业、社会组织之间的流动渠道。 构建各类人才脱颖而出、梯队发展、自由流动的制度环境。对高端紧缺人才，实施科技成果转让、科研成果奖励政策，在部分新兴经济领域探索实施特殊管理股权制度。完善科技人才创新荣誉制度，建设一批“科技领军人才创新工作室”，设立“首席中青年科学家”岗位。落实高校和科研院所自主权，改革高校绩效工资审批管理制度。完善财政性科研项目和资金管理制度，加大对实施法人治理结构科研院所的创新支持力度
《关于支持新旧动能转换重大工程的若干财政政策》	实施“教育服务新旧动能转换专业对接产业项目工程”	对省属高校遴选出的与“十强”产业对接紧密、发展基础好的优势特色专业（群），省财政重点给予资金支持

表7-6　杭州市人才政策概要

政策名称	工作重点	具体措施
《关于实施创新驱动战略 加快新旧动能转换 推动制造业高质量发展的若干意见（征求意见稿）》的通告	①加强组织领导 ②优化人才队伍建设	建立健全市委市政府定期研究推进制造业高质量发展的工作机制，对各区（县、市）政府（开发区管委会）和市级有关单位开展工作绩效考核评价。 加大领军型创新创业团队培育和引进力度，研究探索人才举荐制度，构建科学化社会化市场化人才评价机制，研究制定制造业人才引育专项政策，探索建立企业柔性引进的高层次人才同等享受杭州市民待遇的机制

表7-7　武汉市人才政策概要

政策名称	工作重点	具体措施
《市人民政府关于加快新旧动能转换的意见》	人才金字塔，人才工程	优化“城市合伙人”计划，更大力度引进诺贝尔奖级、院士级全球战略科学家、产业科学家、商界领袖，做高人才“塔尖”；创新实施“海外科创人员来汉发展工程”“百万校友资智回汉工程”，集聚海归精英和杰出校友，统筹实施“黄鹤英才计划”“3551光谷人才计划”等人才计划，引进培养各类高层次创新创业人才，做强人才“塔身”；扎实推进“百万大学生留汉创业就业工程”，谋划实施“青年优秀人才培育计划”，大力实施“江城工匠”计划，构建技能人才队伍多层次、可持续的培养选拔机制，做厚人才“塔基”

四、内蒙古人才政策短板和政策建议

（一）内蒙古人才政策存在的问题

内蒙古自治区人才政策存在的问题主要体现在以下几方面。

第一，尽管部分盟市人才相关意见、通知出台频繁，但出台的人才服务政策不全面，人才优惠政策出台频次低。

第二，缺少人才评价激励方面的专门政策及人才科学评价标准与激励体系，缺乏对引入人才的持续关注。

第三，缺少针对扶持民营人力资源服务机构及其职业培训、人才素质测评等重点短板的相关文件及措施政策。人力资源体系建设不完善，人力资源服务机构分布不均，部分盟市人力资源服务机构奇缺，民营人力资源服务机构数量少且发展不足。

第四，人才引进多集中在事业单位，企业引进人才偏少，且缺乏相关政策和资金支持。也就是说，所引进的人才大都集中在和政府相关的非生产性部门，存在人才配置不合理问题。

第五，人才政策出台落后于产业发展，对自治区产业发展急需人才的针对性不强。

第六，人才政策落地困难，缺乏相关配套支持，政策实施中相关部门工作不到位，组织部门与协作部门配合落实机制不完善，各部门间推诿政策落地责任。

（二）对内蒙古人才政策的建议

针对内蒙古自治区人才政策存在的短板和问题，本报告从人才引进、人才培养和人才流动等层面提出政策建议。

1. 人才引进政策

相对于人才培养，人才引进是解决短期内人才匮乏的有效手段。对此，一是要开放人才和资金自由流动，鼓励支持东南沿海地区优秀成熟企业转移至内蒙古自治区，做好产业承接工作。二是在自治区层面制定住房、创新、创业等人才政策，重点引进产业发展急需的高端技术人才与管理人才，因事而异，因人而异，实施特殊人才政策，解决自治区人才瓶颈。对不同层次的人才，明确补贴与奖励标准，对边远贫困的盟市旗县，可适当放低引进人才标准，不局限于学历与年龄，着眼于实际应用技术水平。三是健全完善相关人才管理机制。对院士、千人计划、长江学者等高端人才，不求常来，但求所用。四是可实施“内蒙古人才绿卡”政策，供在内蒙古工作、创业的非自治区户籍国内外优秀人才申领，作为其在内蒙古居住、工作的证明，办理个人事务，并享受子女入学、购房购车、内蒙古旅游景区门票优惠等一系列礼遇政策。五是设立“草原英才伯乐奖”，对引进高端人才的用人单位和中介机构进行适当奖励。六是提高自治区属国有企业高管市场化选聘比例，盟市所属国有企业可开展经营班子整体市场化选聘试点。

2. 人才培养政策

一是要大力推进东西部人才交流机制，加强自治区与东部发达城市干部队伍的交流，学习东部发达城市干部队伍成熟先进的管理经验及开放的思维模式。二是支持知名大学、科研机构在内蒙古设立分校、分支机构，重点培养与内蒙古产业关联度大的学科，在用地、办公房、资金方面提供便利。三是对于中端技术、技能人才，积极探索定向培养机制，根据自治区发展需求，依托内蒙古，并辐射周边的高校院所、企业和社会机构，加强高素质、专长型和复合型的“订单式”技术人才培养。四是加强农牧业人才技能培训，积极探索师傅带徒弟培养机制及相应奖励机制。提高农牧民组织化程度，由散户向合作社发展，建立标准化养殖，提高农牧产品质量，打造特色农牧产品品牌。五是探索建立人才评价激励方面的专门政策，建立人才科学评价标准与激励体系。重视对现有人才的培养及激励；对引入人才的后续发展持续跟进，做好引入人才后期相关的科技体制、教育体制和收入分配、社会保障制度、人事制度等体制改革。六是制订实施民营人力资源服务机构及其职业培训、人才素质测评等相关重点短板扶持政策，与社会资本积极合作，充分利用市场经济机制，由目前的政府主导向市场主导过渡。而且，职业教育和培训在传授相关技术知识的同时，要更加注重职业精神和职业道德的培养，从技能到操守全方位塑造合格的产业工人。

3. 人才流动政策

可依托"呼包鄂"城市群，开放"呼包鄂"三地人才自由流动并做好相应的人才服务工作。采取有效措施，促进自治区人才在地理空间上的均衡分布（注意与人口、产业状况匹配），依托高端人力资本推动区域协调发展。与此同时，创新完善内蒙古自治区同其他省（自治区、直辖市）的人才流动机制，拓展同发达省份人才流动合作的内容，扩大合作范围。

总之，要深入贯彻、落实好国家确立的"服务发展、人才优先、以用为本、创新机制、高端引领、整体开发"的人才发展指导方针，增强人才队伍建设的紧迫感，抓紧编制自治区、各盟市、行业系统以及重点领域人才发展规划，形成相对完备的人才发展政策体系，开创人才工作新局面。

专题八

国家新旧动能转换的政策脉络及其要点

改革开放四十年，我国经济从高速增长转向高质量发展，过往成就了高速增长的旧动能必将重构，而未来支撑高质量发展的新动能正在孕育。新旧动能的转换是新一届中央政府续写中国经济奇迹的重大战略部署，本专题报告将对新旧动能转换的时代背景、内涵与中央政策脉络进行梳理、分析，以期为内蒙古新旧动能转换提供政策依据与参考。

一、新旧动能转换的时代背景

新旧动能转换是异乎寻常的经济与政策挑战，应对这一挑战，首先需要对新时代的若干重要的背景性因素进行分析。

一是产业结构的跃迁。制造业比重下降、服务业比重上升。未来服务业发展的重心，是包括研发、设计、信息服务、物流、咨询等在内的生产性服务业，包括医疗卫生、教育、文化、体育、娱乐等在内的社会和个人服务业。这两个重心分别对应了制造业升级与居民消费结构升级。这些行业具有较高的知识密集度；更多地需要面对面服务，对从业者积极性、创造性的要求超过工业化时代；通过资源优化配置，有可能产生较高生产率。

二是新信息技术革命加快推进。互联网、大数据、人工智能等新技术革命的出现，把中国推到了全球创新前沿。互联网是通道类的基础设施，大数据是原材料，人工智能则类似于具有加工能力的机器设备。中国在上述领域中具备一定的比较优势，以全球人数最多、正在升级的消费市场将其转换为有竞争力的商业模式，造就了网购、移动支付、高铁、共享单车“新四大发明”。

三是中国制造业面临美国等发达国家与越南等新兴经济体的“双重挤压”。美国的再工业化抑制中国制造业走向高端，新兴经济体则蚕食我国中低端制造业的份额。随着劳动力等要素低成本优势的逐步减弱，出口在中国经济增长中份额下降，中国的产业在融入全球分工网络过程中，必须通过要素重组，重新定义自身在全球价值链上的位置。

二、新旧动能转换内涵

新动能是指新一轮科技革命和产业变革中形成的经济社会发展新动力，包括但不限于新技术、新产业、新业态、新模式。

旧动能是指传统动能，它不仅涉及高耗能高污染的制造业，还更宽泛地覆盖利用传统经营模式经营的第一、第二、第三产业。

新旧动能转换即是旧动能和新动能的动态接续的过程。

需要特别指出的是，新动能与旧动能是相对的。旧动能经过升级改造可以变成新动能，新动能随着时代发展、技术革新也会衰落成旧动能。“新旧动能转换”的实质是主动借助各类调控方式引导、创造、组织和激活社会内生发展动力的过程。上述过程，既要在产业管理方面实现，也要在社会治理之中实现，是适应现在和未来需要的，也为解决现在和未来的经济发展动力问题创造更多的可能性。

总体来看，中国仍然处在人均 8000 ~ 50000 美元的追赶期。在这一时期，新动能主要来自旧动能的升级，旧动能升级的关键在于做好“加法”。即旧动能支撑的老经济加上“新政策、新体制、新技术、新模式”，这也是中央近年来力推的供给侧改革所要解决的核心问题。

三、中央政策脉络

2015 年，“新旧动能转换”开始正式出现在国家领导人讲话中。同年 4 月，李克强总理在召开的经济形势座谈会上指出：“现在中国经济正处在‘衔接期’，一些传统的支撑力量正在消退，与此同时，一些新的力量则在成长。”“传统的支撑力量”与“新的力量”“衔接期”实际上就是新旧动能转换的萌芽式提法。到该年 10 月，李克强总理正式提出新旧动能转换政策理念，指出“我国经济正处在新旧动能转换的艰难进程中，传统动能弱化加大了经济下行压力，但新动能也正在加快成长”，并提出“既要改造提升旧动能，又要精心培育新动能，实现新旧动能协同作用”。

2016 年 3 月，“十三五”规划纲要中将新旧动能转换作为优化现代产业体系（第五篇）的重要内容，要求“围绕结构深度调整、振兴实体经济，推进供给侧结构性改革，培育壮大新兴产业，改造提升传统产业”。值得注意的是，“十三五”规划纲要中将培育壮大新兴产业（新动能）置于改造提升传统产业（旧动能）之前，意味着“立新”比“破旧”更为紧迫、更为重要，也是中央通过增量改革促进存量调整的改革理念的反映。如果说供给侧改革主要着力点在于改造旧动能，新旧动能转换则侧重于新动能的培育。

2017 年，新旧动能转换从政策理念转化为具体的政策文件。1 月 20 日，国务院办公厅印发了《关于创新管理优化服务培育壮大经济发展新动能加快新旧动能接续转换的意见》。从提高政府服务能力和水平、探索包容创新的审慎监管制度、激发新生产要素流动的火力、强化支撑保障机制建设四方面提出具体的任务措施。

2017 年 3 月的政府工作报告中，有两处提到“新旧动能转换”。李克强总理指出，做好 2017 年政府工作中要“依靠创新推动新旧动能转换”，并指出“大众创业、万众创新”是推动新旧动能转换的重要力量。2017 年 4 月 18 日，李克强总理在贯彻新发展理念培育发展新动能座谈会上强调，加快新旧动能转换既来自“无中生有”的新技术、新业态、新模式，也来自“有中出新”的传统产业改造升级。两者相辅相成、有机统一。

2018 年以来，支撑新旧动能转换的政策密集颁布。国务院以 1 号文方式批复山东省建设新旧动能转换综合试验区的方案（国函〔2018〕1 号），支持地方试点、探索新旧动能转换的新路径。此外，从推动创新创业、促进基建投资与民间投资、优化营商环境、促进外资增长等方面，加快新旧动能转换（表 8–1）。

表8-1　　　　　　中央新旧动能政策时间表

序号	部门	时间	名称
1	国务院	2018年11月23日	《关于支持自由贸易试验区深化改革创新若干措施的通知》（国发〔2018〕38号）
2	国务院办公厅	2018年10月29日	《国务院办公厅关于聚焦企业关切进一步推动优化营商环境政策落实的通知》（国办发〔2018〕104号）
3	国务院	2018年10月19日	《关于印发优化口岸营商环境促进跨境贸易便利化工作方案的通知》（国发〔2018〕37号）
4	国务院办公厅	2018年10月31日	《国务院办公厅关于保持基础设施领域补短板力度的指导意见》（国办发〔2018〕101号）
5	国务院	2018年9月18日	《国务院关于推动创新创业高质量发展打造“双创”升级版的意见》（国发〔2018〕32号）
6	国务院办公厅	2018年8月5日	《国务院办公厅关于印发全国深化“放管服”改革转变政府职能电视电话会议重点任务分工方案的通知》（国办发〔2018〕79号）
7	国务院	2018年7月24日	《国务院关于优化科研管理提升科研绩效若干措施的通知》（国发〔2018〕25号）
8	国务院	2018年7月3日	《关于印发打赢蓝天保卫战三年行动计划的通知》（国发〔2018〕22号）
9	国务院	2018年6月15日	《关于积极有效利用外资推动经济高质量发展若干措施的通知》（国发〔2018〕19号）
10	国务院办公厅	2017年12月19日	《关于深化产教融合的若干意见》（国办发〔2017〕95号）
11	国务院	2018年1月10日	《国务院关于山东新旧动能转换综合试验区建设总体方案的批复》（国函〔2018〕1号）
12	中国共产党第十九次全国代表大会	2017年10月18日	《决胜全面建成小康社会夺取新时代中国特色社会主义伟大胜利》
13	国务院办公厅	2017年9月15日	《关于进一步激发民间有效投资活力促进经济持续健康发展的指导意见》（国办发〔2017〕79号）

续表

序号	部门	时间	名称
14	中共中央 国务院	2017年9月5日	《关于开展质量提升行动的指导意见》
15	国务院	2017年8月16日	《关于促进外资增长若干措施的通知》（国发〔2017〕39号）
16	国务院	2017年7月27日	《关于强化实施创新驱动发展战略进一步推进大众创业万众创新深入发展的意见》（国发〔2017〕37号）
17	国务院办公厅	2017年3月16日	《关于进一步激发社会领域投资活力的意见》（国办发〔2017〕21号）
18	国务院办公厅	2017年1月13日	《国务院办公厅关于创新管理优化服务培育壮大经济发展新动能加快新旧动能接续转换的意见》（国办发〔2017〕4号）
19	国家发展改革委	2017年1月6日	《国家发展改革委关于加强分类引导培育资源型城市转型发展新动能的指导意见》（发改振兴〔2017〕52号）
20	国务院	2016年12月31日	《中共中央国务院关于深入推进农业供给侧结构性改革加快培育农业农村发展新动能的若干意见》
21	国务院	2016年11月16日	《关于深入推进实施新一轮东北振兴战略加快推动东北地区经济企稳向好若干重要举措的意见》（国发〔2016〕62号）
22	国家发展改革委 科技部 工业和信息化部 国土资源部 国家开发银行	2016年9月13日	《关于支持老工业城市和资源型城市产业转型升级的实施意见》（发改振兴规〔2016〕1966号）
23	国务院	2015年12月24日	《国务院关于支持沿边重点地区开发开放若干政策措施的意见》（国发〔2015〕72号）
24	十二届全国人大四次会议	2015年3月16日	《中华人民共和国国民经济和社会发展第十三个五年规划纲要》
25	国务院	2013年10月6日	《国务院关于化解产能严重过剩矛盾的指导意见》（国发〔2013〕41号）
26	国务院	2010年2月6日	《国务院关于进一步加强淘汰落后产能工作的通知》（国发〔2010〕7号）

四、中央政策要点

新旧动能转换，既要改造、提升旧动能，也要培育新动能。

（一）旧动能改造、提升

一是淘汰落后、过剩产能。这一政策实际上在2008年金融危机后就已经展开，国务院先后于2010年与2013年下发《国务院关于进一步加强淘汰落后产能工作的通知》（国发〔2010〕7号）、《国务院关于化解产能严重过剩矛盾的指导意见》（国发〔2013〕41号）两个文件，部署淘汰落后产能工作。

2015年末的中央工作会议后，随着供给侧改革的深入，去产能政策开始在部分上游行业加速展开。2016年4月，国家发改委、人社部、国家能源局、国家煤矿安监局联合发布《关于进一步规范和改善煤炭生产经营秩序的通知》，要求全国所有煤矿按276个工作日组织生产。2017年以来，淘汰落后产能政策继续在煤炭、钢铁、化工等过剩的上游行业展开，国务院国资委及央企相继公布了去产能计划。在打击地条钢、环保督查等方面也保持高压态势。此外，中央配套促进资源枯竭城市转型的相关政策，帮助落后产能集中的资源型城市平稳过渡。

二是传统动能提质增效。主要包括提高政府服务能力和水平，激发新生产要素活力（完善智力要素集聚流动机制、完善数据资源开放共享制度、强化科技成果加速转化应用机制）等推动传动动能企业降低成本，加大研发与创新力度，如表8-2所示。

表8-2　　传统动能提质增效的部分政策措施

政策内容	部分具体措施
提高政府服务能力和水平	①提高行政审批服务效能 ②加快法规政策标准动态调整
建立公平开放的市场准入制度	①进一步放开增值电信业务和基础电信运营领域准入 ②推进药品上市许可持有人制度试点
激发新生产要素流动的活力	①完善智力要素集聚流动机制 ②完善数据资源开放共享制度 ③强化科技成果加速转化应用机制

资料来源：《国务院办公厅关于创新管理优化服务培育壮大经济发展新动能加快新旧动能接续转换的意见》（国办发〔2017〕4号）。

（二）新动能培育政策

新动能的培育与传统动能提质增效相辅相成。在提高政府服务能力与水平、建立公平开放的市场准入制度及激发新生产要素流动的活力方面的举措，与传统动能提质增效是一致的。

需要强调的是，新动能培育不仅需要优化财税、土地、基础设施等硬环境，也需要打造人才、科技、营商环境等一流的软环境。

在财税、土地、基础设施等硬环境优化方面，中央实施了营改增减税、深化农村集体产权制度改革，完善承包地“三权”分置制度，补齐基础设施短板等一系列政策。

在人才与科技方面，中央提出促进知识、技术、信息、数据等新生产要素合理流动、有效集聚，创新新技术、新业态等新要求。中央特别提出完善知识产权制度，尤其是完善新模式、新业态创新成果保护制度，探索在线创意、研发设计、众创众包等新领域知识产权保护新途径。此外，中央要求积极推动科技成果有效转移转化。按照市场规则，优化高校和科研机构科技成果转移转化流程和办法，促进成果转化和科研人员创业。

在营商环境方面，中央特别提出优化对新兴经济领域市场主体的审批服务。适应新兴经济领域市场主体变化快、业态新、规模小等特点，及时将新业态、新产业纳入统计调查、支持政策清单。进一步深化商事制度改革，推进工商注册便利化，扩大简易注销试点。简化商标注册手续，优化注册流程，完善审查机制。优先对新业态实行“证照分离”改革试点。中央要求各地提高创业创新服务效率，为企业开办和成长“点对点”提供政策、信息、法律、人才、场地等全方位服务。与此同时，中央提出放宽新兴经济领域政策限制。优化多层次资本市场发行上市及挂牌条件。实现信用评价与税收便利服务挂钩，将优惠政策由备案管理和事前审批，逐渐向加强事中事后监管转变，提高中小企业优惠政策获得感。中央还要求各地在新兴经济领域贯彻更加包容和鼓励创新的治理理念。

五、未来政策展望

从未来政策展望看，新旧动能转换的要旨仍是加大对内改革与对外开放力度，不妨从以下三个方面重点着力、综合施策。

一是放松行政性垄断基础产业领域的管制，降低制造业成本。

二是对外对内开放，加快现代服务业特别是生产性服务业和社会性服务业的发展。

三是促进互联网等新技术带动的实体经济优化配置、效率提升。

表8-3　中央新旧动能转换政策要点

序号	政策名称	旧动能改造、升级		新动能培育	
		转移、淘汰落后产能	传统动能提质增效	财税、土地、基础设施等（硬件）	人才与科技、营商环境等（软件）
1	《关于支持自由贸易试验区深化改革创新若干措施的通知》	—	—	推动金融创新服务实体经济，营造优良投资环境，提升贸易便利化水平	人才：推进人力资源领域先行先试
2	《国务院办公厅关于聚焦企业关切进一步推动优化营商环境政策落实的通知》	—	政府服务提升审批服务质量，提高办事效率	财税：减轻企业税费负担，降低企业生产经营成本	开放：推动外商投资和贸易便利化，提高对外开放水平，保护产权，为创业创新营造良好环境
3	《关于印发优化口岸营商环境促进跨境贸易便利化工作方案的通知》	—	简政放权，减少进出口环节审批监管事项，加大改革力度，优化口岸通关流程和作业方式	—	科技：加强科技应用，提升口岸管理信息化智能化水平
4	《国务院办公厅关于保持基础设施领域补短板力度的指导意见》	—	—	金融：加快项目审核进度，发挥政府投资引导带动作用，为市场主体创造良好的投资环境，规范地方政府举债融资。 基础设施：着力补齐铁路、公路、水运、机场、生态环保、公共服务等领域短板，加快推进已纳入规划的重大项目	—

续表

序号	政策名称	旧动能改造、升级		新动能培育	
		转移、淘汰落后产能	传统动能提质增效	财税、土地、基础设施等（硬件）	人才与科技、营商环境等（软件）
5	《国务院关于推动创新创业高质量发展打造“双创”升级版的意见》	—	—	金融：完善创新创业金融服务	科技：推进创业带动就业能力升级，推动科技创新支撑能力升级，促进创新创业平台服务升级
6	《国务院办公厅关于印发全国深化“放管服”改革转变政府职能会议重点任务分工方案的通知》	—	政府服务：简政放权，创新监管	金融税务：简政，创新监管	科技：深化商标注册、专利申请等便利化改革
7	《国务院关于优化科研管理提升科研绩效若干措施的通知》	—	—	—	优化科研项目和经费管理，完善有利于创新的评价激励制度，强化科研项目绩效评价，完善分级责任担当机制，开展基于绩效、诚信和能力的科研管理改革试点
8	《关于印发打赢蓝天保卫战三年行动计划的通知》	—	加快调整能源结构，构建清洁低碳高效能源体系，调整优化产业结构，推进产业绿色发展	积极调整运输结构，发展绿色交通体系，优化调整用地结构，推进面源污染治理	—

续表

序号	政策名称	旧动能改造、升级		新动能培育	
		转移、淘汰落后产能	传统动能提质增效	财税、土地、基础设施等（硬件）	人才与科技、营商环境等（软件）
9	《关于积极有效利用外资推动经济高质量发展若干措施的通知》	—	—	大幅度放宽市场准入，提升投资自由化水平，深化“放管服”改革，提升投资便利化水平，加强投资促进，提升引资质量和水平，提升投资保护水平，打造高标准投资环境	—
10	《国务院办公厅关于深化产教融合的若干意见》	—	—	—	构建教育和产业统筹融合发展格局，推进产教融合人才培养改革，促进产教供需双向对接，完善政策支持体系
11	《山东新旧动能转换综合试验区建设总体方案》	—	—	完善智能安全的基础设施网络，建设稳定公平透明可预期的营商环境，创新财税激励约束机制，现代金融服务，创新绿色发展机制	健全充满活力的人才支撑体系，创新驱动增强动能转换动力，健全科技成果转化机制，加快重大创新平台建设
12	《决胜全面建成小康社会夺取新时代中国特色社会主义伟大胜利》（十九大报告）	—	环境问题：坚持全民共治、源头防治深化供给侧结构性改革。把发展经济的着力点放在实体经济上，把提高供给体系质量作为主攻方向	土地：完善承包地“三权”分置制度。保持土地承包关系稳定并长久不变，深化农村集体产权制度改革	科技：要瞄准世界科技前沿，强化基础研究，实现前瞻性基础研究、引领性原创成果重大破。人才：实行更加积极、更加开放、更加有效的人才政策

续表

序号	政策名称	旧动能改造、升级		新动能培育	
		转移、淘汰落后产能	传统动能提质增效	财税、土地、基础设施等（硬件）	人才与科技、营商环境等（软件）
13	《关于进一步激发民间有效投资活力促进经济持续健康发展的指导意见》	—	—	金融：支持民间投资创新发展，提高投资项目审批服务水平，鼓励民间资本参与政府和社会资本合作（PPP）项目，增强民间投资动力，为民间资本提供多样化融资服务	—
14	《中共中央 国务院关于开展质量提升行动的指导意见》	—	全面提升产品、工程和服务质量	基础设施：夯实国家质量基础设施。金融财税：加大财政金融扶持力度	人才：健全质量人才教育培养体系
15	《关于促进外资增长若干措施的通知》	—	—	金融财税：进一步减少外资准入限制，制定财税支持政策	便利人才出入境，优化营商环境
16	《关于强化实施创新驱动发展战略进一步推进大众创业万众创新深入发展的意见》	—	创新政府管理方式，促进实体经济转型升级	拓展企业融资渠道	完善人才流动激励机制，加快科技成果转化
17	《关于进一步激发社会领域投资活力的意见》	—	大力促进融合创新发展，加强监管优化服务	进一步扩大投融资渠道，认真落实土地税费政策	—

续表

序号	政策名称	旧动能改造、升级		新动能培育	
		转移、淘汰落后产能	传统动能提质增效	财税、土地、基础设施等（硬件）	人才与科技、营商环境等（软件）
18	《国务院办公厅关于创新管理优化服务培育壮大经济发展新动能加快新旧动能接续转换的意见》	—	政府：提高政府服务的能力和水平	金融：优化金融支持体系	完善智力要素集聚流动机制，数据资源开放共享制度。强化科技成果加速转化应用机制。创新新技术新业态改造提升传统产业的模式。完善采购等支持新技术应用的政策措施
19	《国家发展改革委关于加强分类引导培育资源型城市转型发展新动能的指导意见》	促进资源枯竭城市转型，实施独立工矿区改造搬迁，推动采煤沉陷区综合治理	转变经济发展方式，优化经济结构，摆脱对资源的依赖，实现从主要依靠要素投入向更多依靠创新驱动转变，从能源资源粗放利用向绿色循环低碳发展转变	—	—
20	《中共中央国务院关于深入推进农业供给侧结构性改革加快培育农业农村发展新动能的若干意见》	—	优化产品产业结构，着力推进农业提质增效	补齐农业农村短板，夯实农村共享发展基础	科技：强化科技创新驱动，引领现代农业加快发展，加大农村改革力度，激活农业农村内生发展动力

续表

序号	政策名称	旧动能改造、升级		新动能培育	
		转移、淘汰落后产能	传统动能提质增效	财税、土地、基础设施等（硬件）	人才与科技、营商环境等（软件）
21	《关于深入推进实施新一轮东北振兴战略加快推动东北地区经济企稳向好若干重要举措的意见》	—	支持资源枯竭、产业衰退地区转	加快补齐基础设施短板，加大财政金融投资支持力度	大力培育新动能，开展对口合作与系统培训
22	《关于支持老工业城市和资源型城市产业转型升级的实施意见》	—	—	金融：支持示范区投融资服务。土地：支持将示范区低效用地再开发	科技：加大对示范区科技创新的支持力度。人才：培养产业转型升级急需人才
23	《国务院关于支持沿边重点地区开发开放若干政策措施的意见》	—		加强基础设施建设，提高支撑保障水平，加大财税等支持力度，促进经济社会跨越式发展	—

续表

序号	政策名称	旧动能改造、升级		新动能培育	
		转移、淘汰落后产能	传统动能提质增效	财税、土地、基础设施等（硬件）	人才与科技、营商环境等（软件）
24	《中华人民共和国国民经济和社会发展第十三个五年规划纲要》	—	—	基础设施：拓展基础设施建设空间，加快完善安全高效、智能绿色、互联互通的现代基础设施网络。财税：完善地方税体系、增强地方发展能力、减轻企业负担等关键性问题，建立健全现代财税制度。金融：体制改革健全货币政策机制，健全现代金融体系，提高金融服务实体经济效率和支持经济转型的能力	以科技创新为核心，以人才发展为支撑，推动科技创新与大众创业万众创新有机结合，塑造更多依靠创新驱动、更多发挥先发优势的引领型发展构建激励创新的体制机制，实施人才优先发展战略
25	《国务院关于化解产能严重过剩矛盾的指导意见》	坚决遏制产能盲目扩张，清理整顿建成违规产能，淘汰和退出落后产能，分业施策	调整优化产业结构，努力开拓国内市场需求，积极拓展对外发展空间	环保：强化环保硬约束监督管理。土地：加强土地和岸线管理。金融：落实有保有控的金融政策，完善财税支持政策	增强企业创新驱动发展动力
26	《国务院关于进一步加强淘汰落后产能工作的通知》	以电力、煤炭、钢铁、水泥、有色金属、焦炭、造纸、制革、印染等行业为重点，按照国家相关政策规定的淘汰落后产能的范围和要求，按期淘汰落后产能	—	金融：加强财政资金引导。利用现有资金渠道，统筹支持各地区开展淘汰落后产能工作	人才：做好职工安置工作

专题九

新旧动能转换的地方政策与启示

加快新旧动能转换、推动经济高质量发展是新时期以来中央政府的重大决策，但其实施与落地则需要地方多样化地探索。各地新旧动能转换的快慢与成败，将地区的竞争格局重新洗牌。他山之石，可以攻玉，本专题拟对新旧动能转换的地方政策进行梳理与评述，以期为内蒙古通过新旧动能转换推动高质量发展提供参考与借鉴。

一、新旧动能转换的政策定位

政策定位反映了各省对新旧动能转换的基本认识，也决定了相应政策的实施与推进力度。总体来看，大部分省份将新旧动能转换上升到增强区域竞争力、推动高质量发展的战略高度。

广东先行一步，早在国际金融危机爆发前夕，便做出支撑珠三角旧动能发展“土地、资源、人口、环境”四要素均“难以为继”的重大判断，提出产业与劳动力“双转移”战略，并迅速出台《关于推进产业转移和劳动力转移的决定》及七个相关配套文件。此后，广东着力发展战略性新兴产业培育新动能，并将创新驱动作为其经济社会发展的核心战略。

江苏省将新旧动能转换视为高质量发展、率先建成全面小康社会的必然选择。从发展速度上，江苏已经达到全面小康的标准，但与发达国家相比，仍迫切需要通过壮大新动能，实现赶超。

2018 年获批新旧动能转换综合试验区的山东省，将新旧动能转换作为“推动山东由大到强、走在前列”的重大战略部署，编写了《山东省新旧动能转换重大工程实施规划》，并明确具体时间节点，“到 2022 年基本形成以新动能主导的经济发展格局”。

二、新旧动能转换的政策措施

各地相应的政策措施主要包括建立指标体系、旧动能转换、新动能培育政策及相应的支撑政策。

（一）建立新旧动能转换评价指标体系

建立新旧动能转换评价指标体系是各地新旧动能转换的重要抓手。如山东在其新旧动能转换规划中，明确了质量效益类、创新发展类、对外开放类、环保及民生类四大指标体系（表 9-1）。

表9-1　　山东省新旧动能转换指标体系

指标类别	具体指标
质量效益	新经济占比、全员劳动生产率、一般公共预算收入占GDP比重、战略性新兴产业增加值占GDP比重、现代服务业增加值占GDP比重、工业化信息化融合指数、进入中国最具价值品牌100强企业数量
创新发展	研发投入占生产总值比重、科技进步贡献率、高新技术企业数量、每万人拥有研发人员、PCT国际专利申请量、“互联网+”指数、人均信息消费
对外开放	经济外向度、高新技术企业出口占比、对“一带一路”沿线国家出口占全国比重
环保民生	万元地区生产总值能耗降低、PM2.5浓度降低

资料来源：《山东省新旧动能转换重大工程实施规划》。

（二）旧动能转换政策

主要通过转移或淘汰落后产能、引导旧动能提质等促进旧动能转换。例如广东省财政拿出400亿元支持珠三角落后产能与产业转移，珠三角转出低端企业近6000家，同时通过改善粤东西北的交通条件等手段吸引珠三角的转移企业，以“肥水不流外人田”。山东省明确去产能重点是生铁粗钢电解铝、煤炭煤电、玻璃水泥、电动车轮胎等四大领域，通过在上述领域严格执行环保、能耗、质量、安全等法律法规和产业政策以及分类处置僵尸企业等实现淘汰落后产能的目标，并根据市场形势动态调整旧动能调整力度，同时留存旧动能中的高端产能与装备，以国际标准改造旧动能，推动旧动能绿色发展与延伸发展。杭州鼓励传统企业围绕做强做精主业，进一步加大研发创新和技术改造，通过推进“亩均论英雄”改革，倒逼传统动能企业提质增效。

（三）新动能培育政策

新动能的培育，首先需要识别那些新动能符合本地的比较优势，其次需要具体的政策优惠将这些新动能吸引过来。

一是准确研判适合本地发展的新动能领域。广东将新一代信息技术和智能制造作为其新动能领域，山东将高端装备制造、新能源新材料、现代海洋产业等作为其新动能领域。

二是通过优化营商环境、提供土地、税收优惠及配套人才政策等吸引新动能企业入驻。例如，广州围绕世界级龙头企业设立价值创新园，享受立项、用地方面的“绿色通道”，地价按照同等工业用地最低标准价的 70% 执行，生活、生产性服务更加完备，成功吸引了腾讯、科大讯飞等创新巨头入驻。

培育高新技术企业是培育新动能的载体。广东建立高新技术企业后备资源库，将“准高新技术企业拉进来”。一旦入库，即可按照一定比例享受高新技术企业的税收优惠；被认定为高新技术企业后，优惠差额将由财政资金一次性补齐。

在人才政策方面，各地争相抢人。例如，杭州探索建立企业柔性引进的高层次人才同等享受杭州市民待遇的机制。

三、加快新旧动能转换的启示

基于对各地新旧动能转换政策的分析，课题组认为，加快内蒙古新旧动能转换可从以下三方面着手。

（一）构建新旧动能转换评价指标体系

根据国家新旧动能转换的战略部署、内蒙古经济发展的实际情况，并借鉴相关省份的既有指标体系，构建内蒙古新旧动能转换的评价指标体系，为新旧动能转换提供量化指南，让各盟市政府指导如何抓新旧动能转换，同时引导各盟市结合自身实际，因地制宜地制定更为细化的指标评价体系。

（二）旧动能重在提质

区分旧动能中的落后产能与高端产能。根据市场形势与未来预期，加快淘汰旧动能中的落后产能，保留并壮大旧动能中的高端产能，通过加大研发投入等提高这一部分旧动能的质量，以巩固并增强内蒙古传统产业的比较优势。

（三）新动能首在增量

通过优化营商环境，提供相应的立项、税收、土地政策支持等，积极引进新动能，先把新动能的“量”做大，形成一定产业规模后再着力提质增效。

表9-2　**部分省份推动新旧动能转换的政策措施**

	旧动能转换		新动能培育	
	转移、淘汰落后产能	传统动能提质增效	优化营商环境、财税、土地	人才与科技
广东	立即淘汰用于地条钢、普碳钢、不锈钢冶炼的工频和中频感应炉，400立方米及以下炼铁高炉（铸造铁企业除外，但需提供企业工商局注册证明、三年销售凭证和项目核准手续等），200立方米及以下铁合金、铸铁管生产用高炉，30吨及以下转炉（不含铁合金转炉），30吨及以下电炉（不含机械铸造电炉）等落后产能设备	《广东省工业企业技术改造三年行动计划（2018—2020年）》：省财政统筹安排企业技术改造专项资金，重点支持数字化、网络化、智能化和绿色化技术改造项目。 《广东省重大产业项目计划指标奖励办法》：明确了我省重大产业项目类型、奖励条件、奖励标准、奖励指标申报和预支程序等，各地在引进符合条件的重大产业项目并经省市确认于当年完成供地手续的，省将按规定在下一年度安排计划指标时对相关市、县（市）予以奖励；对各地引进重大产业项目但当年用地指标确有不足的，省将在每季度第一个月集中办理一次计划指标预支申请，确保重大产业项目及时落地。 《广东省降低制造业企业成本支持实体经济发展的若干政策措施（修订版）》（简称“实体经济新十条”）：大力实施消费品工业“三品”战略，发布广东消费品供给指南，实施广东重点产品质量比对研究提升工程，开展“广东优质”品牌认证，引导消费新需求。 《关于推进“广东优质”品牌建设的指导意见》：对符合高标准、高品质要求的广东产品和服务进行认证，通过持续性和整体化培育，形成集质量、技术、服务、信誉于一体，市场与社会公认的区域综合认证品牌——	《广东省深化营商环境综合改革行动方案》：商事制度、工程建设项目审批制度、企业投资管理体制、贸易便利化、激发和保护企业家精神、市场监管等30项措施。 《广东省降低制造业企业成本支持实体经济发展的若干政策措施（修订版）》（简称“实体经济新十条”）：①降税收负担，地方税居全国较低或最低水平，对装备制造等先进制造业、研发等现代服务业符合相关条件的企业和电网企业，在一定时间内未抵扣完的增值税进项税额予以退还。②降用地成本，年度建设用地供应计划保障工业用地供给，优先发展产业且用地集约的制造业项目，土地出让底价可按所在地土地等别对应工业用地最低价标准的70%执行。另一方面，继续实行弹性出让制度，工业用地出让最长年限为50年，据企业意愿，工业企业可弹性年期出让供地。③降融资成本，建立“广东省中小微企业信用信息和融资对接平台”（简称“粤信融”），打通了之前互相隔离的互联网、金融城域网和政务网三个网络；建设应收账款融资服务平台，着力解决融资双方信息不对称、账款确认难等制约小微企业融资的关键问题。积极开拓境外资金渠道支持制造业发展，鼓励大型骨干企业设立财务公司，为上下游融资。2020	《协同推进科技创新人才发展行动方案》：充分发挥全省人力资源社会保障部门、全省科技主管部门各自优势，在推进博士和博士后倍增、科技创新人才引进、院士创新引领、基础与应用基础研究人才培养、产业技术创新人才培养、粤港澳和国际科技创新交流合作、科技创新人才成果转化、创新人才发展环境优化等8个方面展开重点战略合作，共同服务我省科技创新人才。 《关于加快新时代博士和博士后人才创新发展的若干意见》：①全国首创建立博士工作站，在博士比较集中的高等院校、科研机构、三甲医院、规模以上企业创建博士工作站，发挥“蓄水池”功能，吸纳集聚博士和博士后，促进产学研合作，帮助我省中小型科技企业解决科技攻关、加快成果转化；②建立博士和博士后事业编制保障制度，预留一定数量的事业编制，专门用于保障博士毕业生和博士后人才的引进、培养、流动所需编制，省、市人力资源社会保障部门和省行业主管部门应设立博士和博士后管理办公室，落实人员编制经费；③扶持机制创新，聚焦均衡发展，强化人才向粤东西北流动的政策导向，对引进到粤东西北地区的博士和博士后人才予以倾斜，在资金资助上省财政给予大力支持，在科研、职称评审上给予特殊优惠；④建立博士和博士后职

续表

	旧动能转换		新动能培育	
	转移、淘汰落后产能	传统动能提质增效	优化营商环境、财税、土地	人才与科技
广东		“广东优质”	年前，省财政对在境内申请上市民营企业的中介费用，按不超过实际发生费用的50%给予补助，每家企业补助资金不超过300万元	称评审绿色通道，博士毕业生和在站博士后可直接申报副高以上职称，粤东西北地区工作成绩突出的博士和博士后更可直接认定为副高或正高职称；⑤健全企事业单位工资激励机制，对博士和博士后比较集中的企事业单位，在核定工资总量和绩效工资分配方面予以倾斜；⑥设立博士和博士后创新创业基金，激励引导博士和博士后人才流向企业一线。 《关于创建高水平技师学院的意见》：5年内建设10所全国一流、国际知名高水平技师学院。广东技师学院的高技能领军人才首次可享年薪制。高技能领军人才包括中华技能大奖、全国技术能手、南粤技术能手、广东省技术能手、省领军人才、省青年拔尖人才、世赛优胜奖以上获得者等，广东将支持学校自主制定招聘或解聘条件和标准，自主公开招聘人才；支持学校自主开发、设置和调整专业，自主编制人才培养方案；支持学校在编制范围内自主制定岗位设置方案和管理办法。 《关于省级财政科研项目资金拨付管理的暂行规定》：建立科研项目资金拨付绿色通道。 《广东省财政厅关于省级财政社会科学研究项目资金的管理办法》：完善社科项目资金管理；设立广东省创新创业基金（省财政出资71亿元），全省已设立19只科技风险补偿基金，资金池达6.49亿元

续表

	旧动能转换		新动能培育	
	转移、淘汰落后产能	传统动能提质增效	优化营商环境、财税、土地	人才与科技
山东	去产能重点是生铁粗钢电解铝、煤炭煤电、玻璃水泥、电动车轮胎等四大领域。《山东省人民政府关于印发山东省新旧动能转换重大工程实施规划的通知》：①分类处置僵尸企业。对现有资产资源仍有一定价值的僵尸企业，鼓励和支持优质企业实施收购重组，以产权转让、资产置换等多种方式盘活有效资产。对重组有难度的企业，鼓励和支持企业通过经营托管、厂房及设备租赁等途径盘活资产。对资不抵债、重组无望的僵尸企业，在评估风险和成本的基础上，推动其依法破产清算。②有效化解债权债务。依法落实企业重组所得税减免等优惠政策，研究去产能和产业升级企业停产期间城镇土地使用税政策。支持金融机构做好呆账核销和抵债资产处置，完善不良资产批量转让政策。探索设立企业破产专项基金，多渠道筹集资金，专项解决僵尸企业及去产能企业破产启动经费和资产处置资金周转等问题。对母公司承担的关闭去产能企业及僵尸企业贷款，由债权人和债务人平等协商减息等相关债务重组方案，最大限度地帮助企业近期解危、远期解困。③妥善安置企业职工。科学制定职工安置方案，明确安置途径、补偿标准、资金来源和再就业措施。充分发挥企业主体作用，采	《关于支持新旧动能转换重大工程的若干财政政策》：大力支持传统产业提质效。完善财政贴息、奖补政策。各级财政对因政策原因关闭的企业给予补贴，省财政根据各市任务量和绩效考核情况给予综合奖补	《关于支持新旧动能转换重大工程的若干财政政策》：①建立与新旧动能转换成效挂钩的转移支付分配机制。②建立财政收入结构优化奖励机制。③建立高新技术企业税收增长奖励机制。④建立重点园区“亩均税收”领跑者激励机制。⑤建立“飞地”项目税收利益分享机制。⑥建立绩效评价与预算安排挂钩机制。⑦创新新兴产业政府采购政策，对符合条件的新技术、新产品实行首购制度。⑧支持发展总部经济，对在我省新设立的符合条件的企业总部、地区总部、结算中心或职能型总部机构，省财政给予一次性奖励。⑨实施财政扶持“绿色门槛”制度。全面落实节能节水和环境保护专用设备投资抵免企业所得税优惠政策。落实企业资源综合利用税收优惠政策。企业从事符合条件的环境保护、节能节水项目的所得，按规定享受企业所得税“三免三减半”优惠。对政府采购清单内的节能、环境标志产品，按照有关规定，实施强制或者优先采购。⑩创新财政投融资机制。⑪充分发挥政府引导基金作用。⑫引导金融资本投向实体经济。⑬鼓励企业提高直接融资比重	《关于支持新旧动能转换重大工程的若干财政政策》：①强化产业技术支撑。对由我省单位牵头或参与实施的国家科技重大专项、重大科技基础设施、重点研发计划和科技创新项目，省财政择优给予配套资金支持。②增强企业创新主体作用。全面落实高新技术企业和技术先进型服务企业所得税优惠、研发费用加计扣除、固定资产加速折旧及企业研发投入后补助等财税优惠政策。将企业职工教育经费支出税前扣除限额从2.5%提高至8%，激励企业加大职工教育培训投入。③支持促进知识产权创造运用。省财政支持构建山东省新旧动能专利信息大数据中心和新旧动能转换高价值专利储备库，支持新旧动能转换重点产业领域核心技术专利（群）创造和保护。完善知识产权质押融资风险补偿政策，扩大省知识产权质押融资财政贴息补助范围，实施企业专利权质押保险补贴政策。④实施“教育服务新旧动能转换专业对接产业项目工程”，对省属高校遴选出的与“十强”产业对接紧密、发展基础好的优势特色专业（群），省财政重点给予资金支持

续表

	旧动能转换		新动能培育	
	转移、淘汰落后产能	传统动能提质增效	优化营商环境、财税、土地	人才与科技
山东	取协商薪酬、灵活工时、培训转岗等方式，稳定现有工作岗位，缓解职工分流压力。优先将化解过剩产能分流职工纳入就业创业扶持范围，鼓励兼并重组企业优先吸纳原企业职工，破产企业清算资产优先用于清偿职工欠薪、欠缴的社会保险费、经济补偿金和职工安置。支持钢铁、煤炭、原油等产区打造创新创业平台			
杭州		公开征求《关于实施创新驱动战略 加快新旧动能转换 推动制造业高质量发展的若干意见（征求意见稿）》的通告：①环保：支持企业运用互联网技术提升能源利用效率与清洁生产水平，全面推进绿色园区、绿色工厂的评价与创建。对获评国家级、省级绿色园区的，分别给予400万元、200万元资助；对获评国家级、省级绿色工厂的，分别给予200万元、100万元资助（进档的予以补差）②构建高成长企业体系：坚持培育与引进并举，扶优扶强与支持中小微企业齐抓，优先支持带动力大、成长性强、亩均效益好的企业，构建大中小企业协同发展的企业梯队体系：做强做优大企业大集团实施“鲲鹏计划”，建立千亿级龙头企业、百亿级骨干企业培育库，完善市、区（县、市）政府（开发区管委会）与千亿级培育企业的战略合作机制，鼓励支持围绕龙头骨干企业建立相关的产业链配套园区。鼓励企业上市。实施企业上	公开征求《关于实施创新驱动战略 加快新旧动能转换 推动制造业高质量发展的若干意见（征求意见稿）》的通告：①土地：倒逼产业提质增效。全面推进“亩均论英雄”改革，实施全市制造业企业和制造业平台“亩产效益”综合评价全覆盖，落实和完善差别化用地、用能、排放等资源要素配置机制。进一步推进“低散乱”企业整治和落后产能淘汰。对区、县（市）淘汰落后产能项目，市本级财政按照不超过各区（县、市）政府实际支付企业补偿资金的30%给予一次性补助。坚持突出主业原则，引导各区（县、市）明确本地重点发展的主导产业和特色产业。建立产业用地总量保护制度，确保全市工业用地总规模保持在300平方公里左右，全市每年出让的工业用地占年度土地出让总量的比例不低于30%，并在全市范围内实行总量平衡。推进“多规融合”，划定工业产业用地单元，落实创新型产业用	公开征求《关于实施创新驱动战略 加快新旧动能转换 推动制造业高质量发展的若干意见（征求意见稿）》的通告：①人才：加强组织领导。建立健全市委市政府定期研究推进制造业高质量发展的工作机制，对各区（县、市）政府（开发区管委会）和市级有关单位开展工作绩效考核评价。优化人才队伍建设。加大领军型创新创业团队培育和引进力度，研究探索人才举荐制度，构建科学化社会化市场化人才评价机制，研究制定制造业人才引育专项政策，探索建立企业柔性引进的高层次人才同等享受杭州市民待遇的机制。②科技：推动组建产业技术创新联盟，加强前沿、关键、共性技术研发和应用，建设国家、省、市三级制造业创新中心体系。对经认定的国家级、省级制造业创新中心，市本级财政分别给予1亿元和1500万元的资助。对经认定的市级制造业创新中心，按

续表

	旧动能转换		新动能培育	
	转移、淘汰落后产能	传统动能提质增效	优化营商环境、财税、土地	人才与科技
杭州		市和兼并重组“凤凰计划”。推动更多企业改制、挂牌、上市，促进上市公司、挂牌企业再融资、并购重组和创新发展，提升上市公司、挂牌企业规范治理水平和综合竞争能力，发挥上市公司、挂牌企业的产业引领带动作用，进一步提高产业集中度和核心竞争力。培育壮大成长型中小企业。实施高新技术企业“三年倍增”计划，鼓励和扶持制造业企业争创国家重点扶持领域的高新技术企业。加快培育制造业“单项冠军”和“隐形冠军”，实施科技型初创企业培育工程。促进质量品质提升。鼓励争创质量奖。对获得国家、省、市政府质量奖、中国工业大奖（企业）、浙江制造“品字标”证书等的给予专项资助；对主导制定或修订国际标准、国家标准、行业标准（“浙江制造”标准、团体标准）等的给予专项奖励，具体政策另行制定。实施标准倍增计划和企业专利“清零倍增计划”，推动制造业企业加快知识产权贯标，扶持政策按《杭州市高新技术企业培育三年行动计划（2018—2020年）》（杭政办函〔2018〕64号）的标准执行。对获得国家级工业设计研究院、省级重点企业设计院认定的，按照国家、省资助额度给予同比例资助；对获得国家级、省级工业设计中心认定的，分别给予100万元、50万元资助	地政策。②财政：建立上市公司稳健发展基金，以市场化、法治化方式，对符合经济结构优化升级方向、有前景的实体经济企业进行投入，增加区域内产业龙头、就业大户、战略新兴产业等关键重点企业流动性。加大融资担保力度。③税收：支持企业围绕主业加大投入。鼓励企业围绕做强做精主业，进一步加大研发创新和技术改造。对实际投入（设备和软件投入）5000万元（含）至1亿元、1亿元（含）至5亿元、5亿元（含）以上的技术改造投资项目，按《杭州市人民政府办公厅关于实施促进实体经济更好更快发展若干财税政策的通知》（杭政办函〔2017〕102号）标准给予支持；对属于战略性新兴产业、“工业强基”等类别的技术改造项目，实际投入申报标准下调至2000万元	《中共杭州市委杭州市人民政府关于深化改革加强科技创新加快创新活力之城建设的若干意见》（市委〔2016〕16号）标准给予支持。促进在杭高校、科研院所和企业科技成果转化。对列入国家重点研发计划、国家科技重大专项、省重大科技专项的，按《国家、省科技项目杭州市本级财政科技扶持资金管理办法》（杭科计〔2017〕278号）标准给予支持；对实施市级重大科技创新专项的，按项目投入额给予不超过15%、最高300万元的资助；对促成科技成果在杭转化的中介服务机构，按其技术转让合同实际成交额的1%给予最高100万元的资助；对省级认定的国内、省内重大技术装备首台（套）项目，对分别给予100万元、50万元的资助；对省、市认定的新材料首批次项目，分别给予100万元、50万元的资助

续表

	旧动能转换		新动能培育	
	转移、淘汰落后产能	传统动能提质增效	优化营商环境、财税、土地	人才与科技
武汉			《市人民政府关于加快新旧动能转换的意见》：①土地：创新新兴产业供地模式，从基准地价、出让年限和出让方式上实行弹性土地供应管理。对经认定的战略性新兴产业项目，可采取“先租后让、租让结合”方式供应土地。建立产业用地退出机制，对存在土地闲置情况的新兴产业企业要依法进行清理和处置，及时纠正闲置土地处置不到位等问题。②基础设施：建立差别化的资源要素价格形成机制和动态调整机制，对新经济领域的企业实行水电气等生产要素依法优先供给、优惠价格。打造创业、创新生态环境，切实解决创新要素流动、交易和知识产权保护等方面的问题。加快完善市级公共资源交易平台运行机制，规范全市公共资源交易规则、流程和标准，提高资源要素配置效能。③金融：加大对新经济的支持力度，探索开展排污权、碳排放权抵押贷款等绿色信贷业务。大力拓宽创新型企业融资渠道，引导企业公开发行股票上市融资，鼓励企	《市人民政府关于加快新旧动能转换的意见》：①人才：优化“城市合伙人”计划，更大力度引进诺贝尔奖级、院士级全球战略科学家、产业科学家、商界领袖，做高人才“塔尖”；创新实施“海外科创人员来汉发展工程”“百万校友资智回汉工程”，集聚海归精英和杰出校友，统筹实施“黄鹤英才计划”“3551光谷人才计划”等人才计划，引进培养各类高层次创新创业人才，做强人才“塔身”；扎实推进“百万大学生留汉创业就业工程”，谋划实施“青年优秀人才培育计划”，大力实施“江城工匠”计划，构建技能人才队伍多层次、可持续的培养选拔机制，做厚人才“塔基”。②科技：强化企业创新主体地位。加快建设以企业为主体、市场为导向、产学研深度融合的技术创新体系。建立科技型企业梯次培育机制，大力培育“瞪羚”企业、科技“小巨人”企业、高新技术企业。支持企业建立研发中心，加快开发具有自主知识产权的主导产品和核心

续表

	旧动能转换		新动能培育	
	转移、淘汰落后产能	传统动能提质增效	优化营商环境、财税、土地	人才与科技
武汉			业在“新三板”和区域股权交易中心挂牌交易，支持企业发行企业债券、公司债券、短期融资券和中期票据等金融产品。完善科技贷款和知识产权质押融资风险补偿、科技保险和专利保险补助、科技贷款贴息等政策，积极开展投贷联动试点。④财政：强化财税激励作用。充分利用财政支持产业发展及创新的各项政策措施，统筹财政支持经济发展各项资金，积极探索完善政府与社会资本合作（PPP）、股权直投、科技风险补偿、贷款贴息、贷款担保等方式，引导和撬动社会资本投入，重点投向我市三大战略性新兴产业和“四大国家新基地”。做大做强市战略性新兴产业发展引导基金。对国家、省重点支持的高新技术领域企业，其研发投入在享受税前加计扣除政策基础上，按企业年销售收入规模及研发投入占销售收入的比重给予一定比例的补贴	技术，培育核心竞争力。推进与高等院校、科研院所的战略合作。促进科技成果转移转化。探索“政府支持、企业参与、市场运作”的新型研发机构建设运行模式。支持企业将高校、科研院所科技成果进行产业化，优化高校和科研机构科技成果转移转化的流程和办法，推进科技成果处置和收益权改革，加快科技成果转移转化公共服务平台建设，探索完善科技成果评估定价机制。健全知识产权公共服务体系，完善知识产权价值评估、质押融资、托管运营、风险补偿、保险服务及维权援助机制，加大对侵权违法行为的查处力度

续表

	旧动能转换		新动能培育	
	转移、淘汰落后产能	传统动能提质增效	优化营商环境、财税、土地	人才与科技
西安				科技成果转化。全链条创新创业服务体系，西北有色金属研究院“三位一体、母体控股、股权激励、资本运作”和西安光机所“开放办所、专业孵化、择机退出、创业生态”的创新模式，即“一院一所”模式，不仅有效解决了科技成果转化难题，更有助于实现地方经济转型发展和保持院所创新动力的“双赢”，成为全国范例。去年9月，《西北大学促进科技成果转化实施办法》颁布实施，聚焦科技成果“三权”、教师科技成果转化收益分配等核心问题，为加快科技成果转化提供了强有力的政策保障。例如，在高校与企业合作领域，以往多是以教师自发、零散的横向科研项目为载体实施，技术力量单一，缺乏解决行业重大科技问题的能力，《办法》实施后，高校围绕自身优势学科与特色领域，与省市支柱、主导产业紧密结合，与龙头企业联建研究院，有助于实现科研与企业目标导向研究有效对接，打通科技成果转移转化通道

参考文献

[1] 国家发展和改革委员会.山东新旧动能转换综合试验区建设总体方案，2018-1

[2] 内蒙古自治区人民政府.内蒙古自治区主体功能区规划，2012-7

[3] 内蒙古自治区人民政府.内蒙古自治区国民经济和社会发展第十三个五年规划纲要，2016-3

[4] 内蒙古自治区人民政府.内蒙古自治区“十三五”工业发展规划，2017-4

[5] 内蒙古自治区人民政府.内蒙古自治区能源发展“十三五”规划，2017-6

[6] 内蒙古自治区人民政府.内蒙古自治区“十三五”时期参与环渤海地区合作发展规划，2017-7

[7] 内蒙古自治区人民政府.内蒙古自治区新兴产业高质量发展实施方案（2018—2020年），2018-11

[8] 山东省人民政府.山东省新旧动能转换重大工程实施规划，2018-2

[9] 中共杭州市委，杭州市人民政府.关于实施创新驱动战略 加快新旧动能转换 推动制造业高质量发展的若干意见，2018-12

[10] Robert J. Barro, Xavier Sala-i-Martin, Economic Growth (Second Edition), The MIT Press, 2004.

[11] 陈秀山.中国区域经济问题研究.北京：商务印书馆，2005

[12] 迈克尔·波特.竞争战略.北京：华夏出版社，2005

[13] Daron Acemoglu, Introduction to Modern Economic Growth, Princeton University Press, 2009.

[14] 霍利斯·钱纳里，谢尔曼·鲁宾逊，摩西·赛尔奎因.工业化和经济增长的比较研究.上海：格致出版社，上海三联书店，上海人民出版社，2015

[15] 吴敬琏，刘鹤，樊纲，易纲，吴晓灵，许善达，蔡昉.走向“十三五”：中国经济新开局，2016-2

[16] 吴敬琏，刘鹤，樊纲，易纲，吴晓灵，许善达，蔡昉.中国经济新方位：如何走出增长困境，2017-2

[17] 国务院发展研究中心课题组.打好风险攻坚战：思路与对策.北京：中国发展出版社，2017

[18] 国务院发展研究中心课题组.迈向高质量发展：战略与对策.北京：中国发展出版社，2017

[19] 王一鸣，陈昌盛.高质量发展：宏观经济形势展望与打好三大攻坚战.北京：中国发展出版社，2018
[20] 国家发展和改革委员会产业经济与技术经济研究所.中国产业发展报告：2018——迈向高质量发展的产业新旧动能转换.北京：经济科学出版社，2018
[21] 王广宇.新实体经济：高质量发展的强国之路.北京：中信出版社，2018
[22] 迟树功，王吉刚，王占益.新旧动能转换研究.北京：经济科学出版社，2018
[23] 张志华.内蒙古自治区经济社会发展报告2017.呼和浩特：远方出版社，2018
[24] 倪鹏飞.中国城市竞争力报告NO.16（40年：城市星火已燎原）.北京：中国社会科学出版社，2018
[25] 普华永道，BBD.2018中国城市营商环境质量报告，2018-11-12
[26] 粤港澳大湾区研究院.2018年中国城市营商环境评价报告，2018-12-3
[27] 李伟.深度参与新工业革命 加快新旧动能转换.中国发展观察，2018（Z2）
[28] 马建堂.以高质量发展理念统领经济工作.新经济导刊，2018（7）
[29] 余斌.高质量发展的本质内涵是什么.决策，2018（6）
[30] 侯永志.从区域角度来看经济增长的“新动能”.中国经济时报，2017-4-24
[31] 王静宇.加速新旧动能转换 推动高质量发展落地生根——访国务院发展研究中心资源与环境政策研究所副所长、研究员李佐军.中国经济时报，2018-4-5
[32] 内蒙古社科联党组.扎实推动内蒙古经济高质量发展.内蒙古日报，2018-3-26
[33] 杭栓柱.充分认识扎实推进高质量发展的重大意义.实践(思想理论版)，2018（5）
[34] 张永军.大力培育新产业、新动能、新增长极 推动内蒙古经济高质量发展.理论研究，20182.
[35] 李仁虎，罗争光，勿日汗，荣启涵.美好梦想，奔驰在辽阔草原——以习近平同志为核心的党中央关心内蒙古发展纪实，央广网，2017-8-7
[36] 本刊特约评论员.加快新旧动能转换 促进内蒙古经济发展.内蒙古统计，2018（4）
[37] 李永桃.内蒙古：新旧动能转换千帆竞发.内蒙古日报，2018-5-24
[38] 内蒙古新闻网.内蒙古用心用力规划优化税收营商环境，内蒙古新闻网，2018-11-22
[39] 东忠岭.煤炭产业在新旧动能转换中的主要任务研究.煤炭经济研究，2018（8）
[40] 黄少安.新旧动能转换与山东经济发展.山东社会科学，2017（9）
[41] 贾春光，程钧谟，谭晓宇.新旧动能转换背景下资源型城市提升竞争力的路径选择.科技视界，2018（27）
[42] 李德荣，原杨飞，翟丽丽.京津冀一体化对内蒙古经济发展影响的空间计量分析.内蒙古统计，2018（4）
[43] 吕善勇，王鸿雁.在新旧动能转换重大工程中着力建设我省高端人才队伍支撑体系.联合日报,2018-6-8

[44] 乔宝华,秦海林.我国工业新旧动能转换研究.工业经济论坛，2018–1

[45] 宋瑞礼.找准新旧动能转换的着力点.经济日报，2018–5–17

[46] 唐未兵，傅元海，王展祥.技术创新、技术引进与经济增长方式转变.经济研究，2014（7）

[47] 唐子来，李涛，李粲.中国主要城市关联网络研究.规划研究，20171.

[48] 王玉君.加快新旧动能转换 推动高质量发展.中国党政干部论坛，2018（6）

[49] 魏杰，汪浩.转型之路：新旧动能转换与高质量发展.国家治理，2018年（21）

[50] 吴学军.新旧动能转换背景下济南市营商环境的优化探析.中共济南市委党校学报，20181.

[51] 夏昕鸣，李芬.新城新区新旧动能转换模式及实践探索.建设科技，2018（23）

[52] 肖宏伟.电力运行数据透视新旧动能转换提速.中国发展观察，2018–6

[53] 徐晓鹰，刘泽.论促进新旧动能转换的主体作用发挥.江西社会科学，2018（7）

[54] 易纲，樊纲，李岩.关于中国经济增长与全要素生产率的理论思考.经济研究，2003（8）

[55] 俞仲文.新旧动能转换:“世界工厂”下的职业教育到“中国创造”下的职业教育.教育与职业，2018（23）

[56] 张友鹏.新旧动能转换视域下构建协同发展产业体系研究.理论建设，2018（6）

[57] Beata Smarzynska Javorcik, “Does Foreign Direct Investment Increase the Productivity of Domestic Firms? In Search of Spillovers through Backward Linkages,” American Economic Review 94, no. 3 (2004): 605–627.

[58] Kamal Saggi, “Trade, Foreign Direct Investment, and International Technology Transfer: A Survey,” The World Bank Research Observer 17, no. 2 (2002): 191 – 235.